WESTEND

OLIVER SCHULZ

8849

Massentourismus, Tod und Ausbeutung am Mount Everest

WESTEND

Mehr über unsere Autor:innen und Bücher:
www.westendverlag.de

Die Deutsche Nationalbibliothek verzeichnet diese Publikation in der Deutschen Nationalbibliografie; detaillierte bibliografische Daten sind im Internet über http://dnb.d-nb.de abrufbar.

2. Auflage
ISBN 978-3-86489-365-0

Umschlaggestaltung: Buchgut, Berlin
Satz: Publikations Atelier, Dreieich
Druck und Bindung: CPI – Clausen & Bosse, Leck
Printed in Germany

Inhalt

Vorwort

Die Bilder gingen um die Welt: Im Mai 2019 kursierte ein Video im Netz, das zeigte, wie zweihundert Menschen unterhalb des welthöchsten Gipfels stundenlang auf den Anstieg warteten, weil Ungeübte das einspurige Auf- und Absteigen behinderten. Elf Menschen starben, vielfach an Erfrierungen oder Erschöpfung. Sie hatten zu lange in der Todeszone anstehen müssen.

Die Katastrophensaison in jenem Jahr spiegelt eine neue Dimension des Wahnsinns am Berg wider: den totalen touristischen Ausverkauf. Immer mehr Ungeübte und Unvorbereitete versuchen den Gipfel zu besteigen, immer mehr Agenturen bieten einerseits Billigtarife an – andererseits »Flash«-Touren für besonders gut Betuchte: Everest in drei Wochen. Wie konnte es so weit kommen?

Nach seiner »Entdeckung« durch britische Landvermesser war der »dritte Pol«, wie er zunächst hieß, lange ein Objekt der Begierde allein für professionelle Bergsteiger. Auf die erste erfolgreiche Besteigung durch Edmund Hillary und Tenzing Norgay 1953 folgten zunächst Bezwinger auf alternativen Routen zum Gipfel – dann mit alternativen Techniken. Reinhold Messner bestieg den Berg 1978 erstmals ohne Verwendung von Sauerstoffflaschen. Bald folgten eher bizarre Rekorde: Der erste Beinamputierte wurde auf dem Gipfel gemeldet, der erste Blinde, der jüngste Mensch (gerade einmal 13 Jahre alt), der Älteste.

Aber vor allem zeichnete sich jetzt eine andere Entwicklung ab: Kommerzielle Expeditionen entdeckten das Geschäft am höchsten Berg. Mit furchtbaren Folgen. Im Mai 1996 kam es zu einer ersten Katastrophe: Acht Menschen starben am Everest. Nicht nur waren einige Bergführer kommerzieller Anbieter unter den Opfern – auch hatten einzelne ihrer Kunden augenscheinlich reichlich wenig Erfahrung im Alpinismus. Sie waren mehr Bergtouristen als Bergsteiger.

Und das war erst der Anfang. In den folgenden Jahrzehnten nahmen immer mehr profitorientierte Abenteuer-Anbieter den Everest in ihr Programm. Waren schon in den Neunzigern mehr als hundert Menschen pro Saison auf dem Gipfel gewesen, so bestiegen ihn 2003 das erste Mal mehr als zweihundert. 2018 war die Zahl auf über achthundert gestiegen.

Immer öfter führte der Tourismus am Berg zu Katastrophen. 2014 kamen 16 Sherpas im Khumbu-Gletscher ums Leben, als mehrere Eistürme abbrachen. 2015 überrollte eine Lawine das Basislager und begrub 18 Bergsteiger unter sich. Manche sagen: Der Berg wehrt sich. Mehr als zweihundert Leichen säumen mittlerweile seine Hänge, auf ihrem Weg hinauf treten die Gipfelstürmer buchstäblich über sie hinweg.

Immer heftiger wurden nun auch die Auseinandersetzungen – um den Berg und am Berg selbst. Sherpas prügelten sich mit westlichen Alpinisten im Base Camp um die Nutzung der von ihnen verlegten Fixseil-Routen und streikten für bessere Arbeitsbedingungen. Als der Deutsche Alpenverein den Everest ins Programm nahm, verurteilte Reinhold Messner lautstark den Gipfel-Tourismus und prangerte ökologische Rücksichtslosigkeit an.

Dieses Buch beschreibt die Hintergründe dieser Entwicklung. Wie konnte es dazu kommen, dass der Berg zu einem Touristenobjekt wurde, welche Kräfte und Interessen treiben diese Entwicklung an? Was macht das mit der Kultur der Menschen, die dort leben. Was macht es mit denen, die hinaufklettern? Was bedeutet die Entwicklung für den Alpinismus? Wer verdient daran? Und wie wird die Zukunft am höchsten Berg der Welt aussehen?

1 Der Stau

Die letzten Meter müssen Don Cash wie ein Traum vorgekommen sein. Wie einer von der ganz bösen Sorte. Es ging ihm dreckig, irgendetwas war nicht in Ordnung. Aber was? Und wie sollte in dieser lebensfeindlichen Umgebung überhaupt noch irgendetwas mit dem menschlichen Organismus stimmen? Bei Temperaturen um minus 25 Grad. Bei einem Luftdruck und einem Sauerstoffgehalt, die um zwei Drittel geringer waren als auf Meeresspiegelniveau?

Ein Schritt, drei Minuten Pause, schmerzhaftes Atmen durch die Sauerstoffflasche. Dann wieder ein Schritt ... Cash wird die grandiose Aussicht, die sich ihm bot, kaum wahrgenommen haben, die Erdkrümmung, die ab achttausend Metern mit bloßem Auge sichtbar wird, wo das beginnt, was die Todeszone genannt wird. Den Blick auf das schier endlos wirkende tibetische Plateau im Norden, die Ausläufer des Zyklons Fani, die sich südlich des Himalaja-Hauptkamms zu düsteren Wolkenbergen auftürmten. Nicht einmal mehr den schleppenden Gang seines Vordermannes im bunten Alpinanzug, das Drängen seines Hintermannes, der ihm im Nacken hing.

Am 22. Mai 2019 um 8.29 Uhr stand der US-Amerikaner auf dem höchsten Punkt der Erde, der dröhnende Jetstream riss ihm fast die Kamera aus der Hand. Sein Sherpa Jangbu machte ein Foto. Flatternde Gebetsfahnen auf dem wenige Quadratmeter großen ovalen Plateau, das den Gipfel ausmacht. Beschlagene Brillen über der Sauerstoffmaske. Mit letzter Anstrengung riss Cash die Arme hoch. Es sollte das letzte Bild von ihm werden. Don Cash kam nie zurück. Die Menschenmassen, die den Berg hinaufdrängten, verhinderten es.

Dabei hatte er so lange auf diesen Moment hingearbeitet. Donald Lynn Cash, 55, ein kräftiger Mann aus der Stadt Sandy im Norden Utahs mit einem runden Gesicht und meist einem breiten Lächeln unter dem Dreitagebart. Ein Draufgänger. Ein Haudegen, wie er im Buche stand. »Er war größer als das Leben«, sagte ein Kollege später in den Medien über ihn. »Körperlich einfach ein gewaltiger Kerl. Und immer gut drauf.« Auf einem Instagram-Bild posiert Cash mit einem T-Shirt auf dem steht: »Mach epische Scheiße«. Die Haut ist braun gebrannt, er lässt eine Muschelkette um seinen Hals durch die Finger gleiten. Aber Cash habe nicht nur ein kühnes Leben geführt – er habe auch seine Familie geliebt und seine Erfahrungen mit ihr geteilt.

Seine Kinder und seine Frau hatten ihn zuletzt im Dezember vor seinem Tod gesehen, als er nach Asien aufbrach. Er hatte seinen Job als Software-Verkäufer bei Adobe aufgegeben und verkündet, dass er ein Sabbatical nehmen und ein Buch über das Bergsteigen schreiben wolle. Der Everest sollte für Cash der letzte der erfolgreich bezwungenen »Seven Summits« sein – der sieben höchsten Gipfel auf den einzelnen Kontinenten. »Es war der grandiose Abschluss seiner Träume«, sagte seine Tochter Danielle Cook. Aber eben auch: das Ende seines Lebens.

Ein Grund dafür war sicher, dass in dieser Saison alles anders war. Präziser gesagt: genau so, wie es unweigerlich irgendwann hatte kommen müssen. Der Ansturm auf den Mount Everest hatte in den vorausgegangenen Jahren immer weiter zugenommen. Doch 2019 tummelten sich mehr unerfahrene Kletterer und unqualifizierte Guides als je zuvor am höchsten Berg der Welt. In Kathmandu wurde der Rekord von 381 Ausländergenehmigungen ausgestellt.

Und dann war das Wetter auch mehr als heikel. Ein außergewöhnlich wackeliger Jetstream verband sich mit Zyklon Fani, der in Südasien wütete. Das schmale Wetterfenster, das sich oft schon Anfang Mai am Everest öffnet, wurde damit noch enger. Als die Fixseile, die die Sherpas mittlerweile quasi durchgehend vom Basislager bis auf den Gipfel legen, am 22. Mai endlich angebracht waren, machten sich Hunderte jeden Morgen in aller Frühe auf. »Der Tod lag in der Luft«, notierte der US-amerikanische Everest-Chronist Alan Arnette.

Don Cash war eines der ersten Opfer. Nervös beobachtete sein Sherpa, wie sein Klient auf dem Gipfel hockend dahindämmerte. Er drängte ihn, nicht zu lange zu bleiben. Um 8.43 Uhr stand Cash endlich auf, um den Abstieg zu beginnen. Doch nach zwei Schritten kippte er ohnmächtig um. Jangbu holte einen anderen Sherpa aus dem Team hinzu. Gemeinsam gelang es ihnen, ihren Kunden zu reanimieren. Sie klinkten ihn zwischen sich an das Fixseil, das zum Gipfel führte. Meter für Meter schoben sie ihn hinab. Aber es ging nicht voran. Das Team von Pioneer Adventures war absichtlich früh gestartet, noch weit vor Mitternacht. Doch nun strömten ihnen die Massen entgegen. Ständig mussten sie auf dem schmalen Grat unterhalb des Gipfels innehalten, ständig mussten sie längere Pausen einlegen. Denn weder konnten sie mit Cash im Schlepptau den Entgegenkommenden ausweichen, noch war mehr als eine Handvoll von den Aufsteigenden technisch in der Lage, sich auszuklinken und den in Not Geratenen Platz zu machen, wie es versierte Bergsteiger eigentlich können sollten.

Am Hillary-Step, einer steilen, verschneiten Passage, war endgültig Schluss. Die beiden Sherpas setzten sich mit Cash in den Schnee und warteten. Eine halbe Stunde verging, eine, anderthalb. Der Sauerstoff drohte auszugehen. Kälte stieg in ihre Zehen und Finger. Don Cash begann zu zittern. Mehr als zweieinhalb Stunden mussten die drei ausharren, um die Aufsteigenden vorbeizulassen. Doch als sie diesmal aufstanden, brach Cash endgültig zusammen. Erneut versuchten die Sherpas, ihn wiederzubeleben, aber vergeblich. Es war auch nicht möglich, seine Leiche zu bergen. Auf 8800 Metern Höhe ließen sie ihn zurück.

Seine Familie war damit einverstanden. Cash selbst hatte eine Erklärung unterschrieben, dass er, sollte er bei einer seiner Touren sterben, dort bleiben wolle. »Er sagte, er würde lieber auf einem Berg sein Leben lassen als in einem Krankenhausbett«, versicherte seine Tochter.

2 Der Berg

Vielleicht ist das der höchste Gipfel der Erde! Man kann sich vorstellen, wie Colonel Andrew Scott Waugh in den Bergen des östlichen Himalaja gestanden hat. In Darjeeling, dem nördlichen Rand Britisch-Indiens. Den Theodoliten hatte er eigentlich über dichte Rhododendronwälder hinweg, über das tiefe Rangit-Tal, auf den 64 Kilometer entfernten Kangchenjunga ausgerichtet. Er muss Glück gehabt haben, der Nebel lichtete sich und weit oben sah er den angepeilten Gipfel, eine zerklüftete Granitwand über den Wolken, von glitzerten Flanken umgeben, wie ein in den Himmel gravierter Olymp. »Der westliche Gipfel des Kangchenjunga erreicht eine Höhe von nicht weniger als 8555 Meter über Meeresniveau, ist also sehr viel höher als bisher angenommen«, notierte Waugh lakonisch. Er war zu diesem Zeitpunkt damit der höchste bekannte Punkt der Welt.

Aber neben diesem Gipfel erspähte er an diesem Tag im November 1847 eine andere, außergewöhnlich hohe Bergspitze.

Konnte er das sein? Der dritte Pol der Erde, nach dem die britischen Geographen schon so lange im Himalaja gesucht hatten? Der Oberst war ein vorsichtiger, zurückhaltender Mann. Bei den Peilungen fehlten die Höhenwinkel. »Gamma«, so nannte er die Eiskuppe erst einmal provisorisch, links vom Kangchenjunga gelegen, war zu weit entfernt, deshalb betrachtete er die Messungen als zu unscharf. Aber er hatte eine Ahnung. Waugh hielt es daher für angemessen, die Ergebnisse gemeinsam mit seinem Assistenten zunächst gründlich zu überprüfen. Mehr als acht Jahre lang.

Er vergleicht sie mit Messungen aus der nordindischen Ebene, die eine Höhe von 8778 Metern für denselben »scheuen« Gipfel, so nennen ihn die Wissenschaftler, weil er sich so wenig prominent in der Himalaja-Hauptkette versteckte, ergeben hatten. Immer wieder schickt der Geodät kleine Expeditionen in das Grenzgebiet zwischen Indien und Nepal, in die Sümpfe und Dschungel des sogenannten Terai, gefürchtet für Malaria und Tiger, um hinaufzupeilen zu dem verborgenen Gipfel, in dessen Nähe der König sie nicht lässt; die Nepalesen verwehren den Briten den Zutritt zu ihrem Territorium. Genauere Datensätze, bessere Perspektiven sind Waughs Ziel. Dunst im Winter und Monsunregen im Sommer machen den Ingenieuren am Fuße des Himalajas die Arbeit schwer. Er diskutiert mit seinen Kollegen Brechungskoeffizienten und die Höhe bezogen auf Normallnull. Er zieht alte Berichte anderer Forscher heran.

Dann erst wendet er sich an die Royal Geographic Society in der Hauptstadt Kalkutta. Im März 1856 legt Waugh in einem aus 14 Abschnitten bestehenden, sauber geschriebenen Brief seine Entdeckungen dar. Er sei endlich »im Besitz der finalen Werte« für den Gipfel »Himalaja XV«, wie er »Gamma« nun nennt. Der Berg erhebe sich 29 002 Fuß oder knapp 8 840 Meter über Meeresniveau.

Waugh schreibt: »Ich wurde von meinem angesehenen Vorgesetzten und Vorgänger, Colonel Geo. Everest gelehrt, jedem geografischen Objekt seine wahre lokale oder einheimische Bezeichnung zuzuweisen. Ich habe mich auch gewissenhaft an diese Regel gehalten, wie ich mich an alle Prinzipien, die dieser erhabene Wissenschaftler erstellt hat, gehalten habe. Aber hier ist ein Berg, höchstwahrscheinlich der höchste der Welt, ohne einen lokalen Namen, der gefunden werden kann, oder dessen einheimische Bezeichnung, falls vorhanden, nicht sehr wahrscheinlich gesichert wird, bevor wir nach Nepal vordringen und uns dieser einzigartigen Schneewelt nähern dürfen. In der Zwischenzeit liegen das Privileg wie die Pflicht bei mir, diesem hohen Gipfel unseres Globus einen Namen zu geben, der unter Geographen bekannt sein und unter zivilisierten Nationen zu einem Begriff werden soll. Aufgrund dieses Privilegs, als Zeugnis meines liebevollen Respekts für einen verehrten Vorgesetzten, in Übereinstimmung mit dem, was ich für den Wunsch aller Mitglieder der wissenschaftlichen Abteilung halte, über die ich die Ehre habe, den Vorsitz zu führen und um die Erinnerung an ihn als gefeierten Meister der genauen geografischen Forschung aufrechtzuerhalten, habe ich beschlossen, diesen erhabenen Gipfel des Himalaja Mont [sic!] Everest zu nennen.«

Der Name, den Waugh selbst rasch in Mount Everest korrigiert, wird vom Londoner Indien-Minister wie von der Royal Geographic Society gutgeheißen. Aber wer ist eigentlich dieser George Everest? Einerseits ein Besessener, ein Getriebener, der mit Verbissenheit und Arroganz 20 Jahre lang die Expedition Great Arc geleitet hat, vom zentralindischen Hyderabad bis hinauf nach Dehra Dun, westlich von Nepal in einer vergleichsweise niedrigen Bergkette des Himalaja gelegen. Anderseits ist seine wissenschaftliche Leistung erheblich – ohne ihn hätte Waugh niemals auch nur annähernd so sicher die Höhe des Gipfels bestimmen können. Und umgekehrt ist die Vermessung des Everest die Krönung des Great Arc.

Bevor Waugh das Netz von Vermessungsdreiecken des Great Arc, das den indischen Subkontinent überzog, an den Füßen des Himalaja entlang fortsetzte, waren alle Messungen britischer Geodäten, die dort seit Beginn des 19. Jahrhunderts auf der Suche nach dem höchsten Punkt der Erde waren, in höchstem Maße ungenau. Denn wie Nepal ließen auch Tibet, Bhutan und Sikkim keine Europäer über ihre Grenzen. Sie mussten also einerseits aus der Ferne – von Indien aus – ihre Geräte auf den Himalaja richten, wussten aber anderseits angesichts vergleichsweise unsicherer Zenitmessungen oder Barometerkalkulationen selbst nicht genau, auf welcher Höhe sie sich befanden. Tatsächlich nahmen deshalb viele Forscher zunächst Abstand von der Vermutung, der höchste Berg der Welt könnte sich im Himalaja befinden. Vielleicht war diese Vorstellung nur ein orientalisches Märchen? Zur generellen Annahme wurde bald, dass der Chimborasso in Ecuador mit 6310 Metern die höchste Erhebung der Welt sei.

Die Expedition Great Arc revolutionierte nun die Genauigkeit der Peilung – und das auch aus größerer Distanz. Mit einer 30 Meter langen Stahlkette, die Everests Vorgänger William Lambton, der Begründer des Projekts, im April 1802 in der südindischen Küstenstadt Madras exakt 400-mal aneinanderlegte, begann das gigantische Vorhaben. An den Endpunkten der in Madras ermittelten Linie, die genau 15753 Fuß über dem Meeresniveau verlief, bestimmten Lambton und seine Mitstreiter jeweils den Winkel zwischen der Grundlinie und einem dritten Sichtpunkt – und errechneten so die zwei übrigen Seiten des entstandenen Dreiecks. Auf diese Weise arbeiteten sie sich von Süden hinauf. Von den tropischen Küsten über die zentralen Steppen und Hochländer, die fruchtbare Ebene Nordindiens bis in den Himalaja. Scharen britischer Wissenschaftler zogen mit ihren Assistenten durch das Land, Tausende Inder erbauten Vermessungstürme aus Backstein, schlugen Schneisen in Dschungel und durch Sümpfe, richteten den Sahibs, wie die Europäer genannt wurden, Beobachtungszelte ein und servierten ihnen Tee, während sie ihr Kolonialreich vermaßen. Damit sie in Indien Straßen und Brücken, Eisenbahnen oder Bewässerungsgräben planen konnten. Nicht zuletzt auch, um die Agrarsteuer zu erheben. Aber ebenso, um die übergeordnete Frage zu beantworten, ob die Erde eigentlich rund sei – oder eine Ellipse.

Die Dimensionen des Vorhabens zur Vermessung des indischen Subkontinents sind mit der einer heutigen Marsexpedition vergleichbar. Auf die Gegenwart umgerechnet Milliarden von Pfund pumpte das Königreich in die Expedition, Hunderte starben an Krankheiten und vor Erschöpfung, Lambton selbst erlag in Zentralindien dem Fieber. Der ehrgeizige George Everest übernahm. Aber dass das Großunternehmen Great Arc, als es 1841 den Himalaja erreichte, die Grundlage dafür schaffte, den höchsten Punkt der Welt zweifelsfrei zu finden, gilt in der Wissenschaft als reiner Zufall.

Und warum Waugh in seinem Brief von 1856 darauf beharrte, ihn ausgerechnet nach George Everest zu benennen, ist bis heute ein Rätsel. Denn nicht nur ist überliefert, Everest habe noch zu Lebzeiten gefordert, dem dritten Pol, so man ihn fände, einen einheimischen Namen zu geben. Auch war der ehrgeizige, geradezu besessene Vermesser unter Kollegen alles andere als beliebt. Gesehen hat er den nach ihm benannten höchsten Berg der Welt ohnehin nie, bei seiner Entdeckung war George Everest bereits seit fünf Jahren ins heimische Britannien zurückgekehrt. Bekannt ist, dass er Waugh dankte und ihn seinerseits als großartigen Wissenschaftler rühmte und die Benennung des Berges nach ihm selbst gegenüber der Royal Geographic Society als »weit über seine Verdienste hinausgehend« bezeichnete.

Die von Waugh bei der »Entdeckung« ermittelte Höhe blieb lange Standard, so exakt war sie. Erst 1954 korrigierte eine bis nach Nepal vorgestoßene trigonometrische Expedition den Wert um genau acht Meter nach oben: auf 8 849 Meter. Seit 2020 geben Nepal und China dies als offizielle Höhe an.

3 Der Name

Chomolungma, Sagarmatha, Mount Everest – seit seiner Identifizierung als höchster Gipfel des Planeten wird über seinen Namen diskutiert. Bis heute äußern sich vor allem Kulturwissenschaftler und Linguisten, manchmal auch Einheimische und Historiker. Aber möglicherweise ist der Fall ganz klar. Wurde der Everest mit Absicht neu benannt – und sein alter Name verschwiegen?

Angeblich soll sich kein lokaler Name gefunden haben, als sich die Entdecker sicher waren, den höchsten Punkt der Erde gefunden zu haben. Angeblich soll auch schon George Everest selbst gefordert haben, alle Berge müssten den jeweiligen lokalen Namen tragen. Aber warum ist das nicht passiert? Es gab bereits einen.

Natürlich war das nicht der Name Devadhanga, den der britische Ethnologe und in Kathmandu residierende Diplomat Brian Hodgson, umgehend als – wenn auch nur vorläufige – nepalesische Bezeichnung vorschlug. Andrew Scott Waugh protestierte mit Erfolg gegen Hodgsons Manöver, er berief ein Komitee ein, das befand, Devadhanga sei »inakzeptabel« und »unpräzise«. Die Bezeichnung entstamme zwar einer nepalesischen Legende, beziehe sich aber offenbar auf mehrere Gipfel.

Doch anders als im nepalesischen Kulturkreis gab es im tibetischen Kulturkreis durchaus Bezeichnungen für den Berg, die schon lange zuvor existierten. Deshalb wirft der schottische Autor William McKay Aitken den britischen Geodäten des Survey of India Unprofessionalität vor. Wie bereits der schwedische Entdecker Sven Hedin knapp hundert Jahre vor ihm weist McKay Aitken auf eine Karte des französischen Geographen Jean-Baptiste Bourguignon D'Anville von 1733 hin. Diese beruht wiederum auf einer 1717 vorgenommenen Kartierung der Everest-Region, die buddhistische Gelehrte auf Anordnung von Jesuiten in Peking vorgenommen hatten. Auf der französischen Version des asiatischen Atlas wurde der Gipfel als Tchoumou Lancma bezeichnet, die frankophone Version des tibetischen Namens Chomolungma – gängigerweise übersetzt als »Göttin Mutter der Welt«. So hieß er damals – und so heißt er noch heute.

Ignorierten die britischen Wissenschaftler das absichtlich oder war es ihnen entgangen? Zweiteres ist wohl kaum der Fall, denn auch die britischen Expeditionen zum Everest ab 1921 brachten klare Beweise für die weite Verbreitung des Namens Chomolungma in populären tibetisch-buddhistischen Beschreibungen. Tatsächlich hätten die Wissenschaftler, so Autor McKay Aitken, den Fakt nach dieser Erkenntnis eingeräumt, jetzt aber argumentierte, dass der lokale Name für das gesamte Everest-Gebiet – aber nicht für den Gipfel gelte.

Was aus der Ferne ein wenig wie geologische Haarspalterei klingt, betraf tatsächlich eine Reihe weiterer gewaltiger Bergspitzen, darunter den 8516 Meter hohen Lhotse, der über den Südsattel mit dem Everest verbunden ist. McKay Aitken bat deshalb die Bibliothek der tibetischen Werke und Archive im nordindischen Dharamsala, wo die tibetische Exilregierung ihren Sitz hat, die Frage klären zu lassen, wofür Chomolungma im tibetischen Kontext steht.

Die Antwort war eindeutig. In allen älteren tibetischen Texten und historischen Dokumenten werde der den Westlern bekannte Everest zwar mit einem anderen Namen bezeichnet – als Gang Thong Thing Gyalmo – hieß es in dem Schreiben, »aber in der Bevölkerung allgemein ist der Berg vor allem unter dem Namen Gangri Jomolungma bekannt. Die ganze Gruppe von Graten, die den Berg Everest bilden, trägt den Namen Jomolungma, während der höchste Punkt (Everest), das heißt der obere Teil, Jomolangma genannt wird.« Dem lässt sich noch hinzufügen, dass das tibetische Wort Gangri schlicht für »Berg« steht – und Jomolangma natürlich eine Variante von Jomolungma ist.

Wo war also die Unklarheit? Man kann den britischen Geodäten vor diesem Hintergrund durchaus Absicht, zumindest aber Fahrlässigkeit vorwerfen. Der koloniale Name wurde offenbar aufgrund mangelnder weiterer Forschung vergeben. Aufrechterhalten wurde er laut Autor McKay Aitken von den Nachfolgern von Everest und Waugh, dem Namensgeber, dann von mehreren Beteiligten aufgrund fehlgeleiteter

Loyalität gegenüber den Vorgesetzten – und um den eigenen Posten innerhalb der britischen Vermessungsbehörde nicht zu gefährden.

In Deutschland setzte sich zunächst ohnehin eine andere Namensgebung durch. Für eine Weile hieß der Gipfel dort Gaurishankar. Dahinter steckte eine nicht unerhebliche Abneigung gegen einen britischen Titel für den höchsten Berg der Welt. Aber ebenso eine schlichte Verwechslung. Dem aus München stammenden Naturforscher Hermann von Schlagintweit war es gelungen, 1855 nach Nepal zu reisen. Vom Kathmandutal aus erspähte er westlich des Everest-Massivs einen schneebedeckten Berg, der ihm – aus dieser Perspektive – so hoch vorkam, dass er sicher der größte Berg der Welt sein musste. Er fragte die Einheimischen, die ihn als Gaurishankar kannten. »Zugunsten des schönen alten Namens« wurde Gaurishankar bald in die deutschen Atlanten aufgenommen und die Schulkinder lernten fleißig, dass so die mächtigste Erhebung der Welt heiße. Obwohl auch dies ohnehin kein Name aus der tibetischen Sprachfamilie war – und somit kein wirklicher lokaler Name, denn es sind bis heute Tibeter und ein ursprünglich tibetischer Volksstamm, die Sherpas, die am Everest siedeln. Die deutsche Verwechslung mit einem anderen Himalaja-Gipfel wurde erst 1903 geklärt, man gestand ein, dass der Berg mit dem Namen Gaurishankar in Wahrheit 58 Kilometer vom Everest entfernt lag – und »nur« 7 145 Meter maß.

Die Herrscher jenes Landes, auf dem er immerhin zur Hälfte steht, regten sich in der Diskussion um seinen Namen erst, als der tibetische Titel Chomulungma schließlich öffentlich diskutiert wurde. Nun fand die Nepali sprechende Königsfamilie in Kathmandu ihrerseits den tibetischen Namen inakzeptabel. 1956 adaptierte die nepalesische Regierung stattdessen offiziell den nepalesischen Namen Sagarmatha, übersetzt als »der Kopf der Erde, der den Himmel berührt«. Doch der Ursprung dieses Namens liegt im Dunkeln.

Baburam Acharya, ein nepalesischer Historiker und Literaturwissenschaftler, schrieb Ende der 1930er einen Aufsatz, in dem er Einheimische im Everest-Gebiet zitierte, die den Gipfel nicht nur Jhomolongma nannten oder auch Jhyamolungma (beides vielleicht nur schriftliche Varianten von Jomolungma), sondern auch Sagarmatha. Acharya schilderte diesen Vorgang später so: »In der Karte von Nepal, die vom damaligen Survey of India Office veröffentlicht wurde, war der Name des höchsten Gipfels des Himalaja-Gebirges als Mount Everest geschrieben. In der zweiten Ausgabe der Karte hatte der Gipfel zwei Namen: Mount Everest und den tibetischen Namen Chomolongma, aber es gab keinen nepalesischen Namen. Um einen nepalesischen Namen, insbesondere für die Karte, bereitzustellen, wurde in der *Sharada,* einer nepalesischsprachigen Monatszeitschrift, mein investigativer Artikel mit dem Titel ›Sagarmatha oder Jhomolongma‹ veröffentlicht.«

Zunächst geriet Acharya damit allerdings zwischen die Fronten, das Königshaus in Kathmandu setzte ihn für seine Veröffentlichung unter Druck: »Mir wurde vorgeworfen, die Briten zu beleidigen, indem ich dem bereits nach ›unseren Freunden‹ benannten Gipfel einen nepalesischen Namen gab, und ich wurde für die Veröffentlichung des Artikel fast des Landes verwiesen.« Doch zwei Jahrzehnte später gab die nepalesische Regierung dem Namen die offizielle Anerkennung. Dass Acharya immer wieder so überdeutlich betonte, der Name sei keine Erfindung gewesen, macht ihn allerdings nicht unbedingt glaubwürdiger. In seinem Buch *China, Tibet und Nepal,* schreibt er: »Der Name Sagarmatha existierte bereits. Ich habe ihn nur entdeckt, es ist nicht so, dass ich den Berg auf einen neuen Namen getauft hätte.«

Was für die Monarchen in Kathmandu in den Dreißigern ein Problem war, wurde im Verlauf des zwanzigsten Jahrhunderts auch für die Chinesen ein Thema. 1949 hatten sie in Tibet die Macht übernommen. Wie sollte nun der höchste Gipfel des Himalajas, der Tibet von Nepal trennte, heißen? 1952 wurde der Mount Everest auf chinesischen Karten sowie in Lehrbüchern und anderen Veröffentlichungen als Zhumulangma feng bezeichnet – eine chinesische Transkription des tibetischen Namens. Im Jahr 2002 startete China eine Kampagne, um den Westen davon abzuhalten, den höchsten Gipfel der Welt als Mount Everest zu bezeichnen, und stattdessen den offiziellen chinesischen Namen Mt. Qomolangma zu verwenden – auch das eine Variante des einheimischen Titels. Außerhalb Chinas hat er sich, wenig überraschend, allerdings nicht durchgesetzt.

Aber wie soll die höchste Erhebung des Planeten nun genannt werden? Der mittlerweile verstorbene Tibet-Forscher Andreas Gruschke meinte, dass Chomolungma der ursprüngliche Name sein dürfte. »Man muss doch eher von Tibet ausgehen. Die Sherpas sind ja relativ späte Einwanderer aus Osttibet und dürften nicht selbst dem Berg diesen Namen gegeben, sondern den lokalen tibetischen Namen übernommen haben. Von der tibetischen Seite her ist der Berg ja schon deutlich präsenter. Ich glaube schon, dass diese Bezeichnung das Anrecht hat, als der eigentlich Name des Berges zu gelten.«

McKay Aitken empfiehlt: »Für alle ernsthaften Studenten, Bewohner und Pilger war und ist der wahre Name des höchsten Gipfels im Himalaja »Die gütige Muttergöttin der Welt«, an die alle Gebete der Bergsteiger gerichtet sind, egal wie Chomolungma nun geschrieben wird.

4 Die Mythologie

Sie stehen am Fuß des Berges, im Basislager, und falten andächtig die Hände, Bergsteiger und Sherpas aus der Region. Ein Mönch aus Tengboche, dem Hauptkloster der Khumbu-Region, ist dabei. Wasser wird in die Luft gesprenkelt, Gerstenkörner. Der Mönch singt die heiligen Silben »Om mani padme hum«, die Bergsteiger und Sherpas neigen die Köpfe und stimmen andächtig ein.

Diese Szene ist ein Stereotyp, sie beschreibt den Beginn unzähliger Everest-Expeditionen. Und es ist den buddhistischen Geistlichen wie den westlichen Alpinisten nicht der Ernst abzusprechen, mit dem all das geschieht. Schon gar nicht den Sherpas, die dafür Sorge tragen, die Geister des höchsten Berges zu besänftigen. Die sich dafür verantwortlich fühlen, dass die westlichen Bergtouristen und Alpinisten ihn erklimmen. Doch es ist reichlich unklar, welche spirituelle Dimension dieser Berg tatsächlich eigentlich hat.

Von Norden, von Tibet aus betrachtet, ist die Sache noch ziemlich eindeutig. »Nach tibetischer Betrachtung ist der höchste Punkt der Erde Wohnsitz der Göttin Tashi Tsering-ma«, so Tibet-Forscher Andreas Gruschke. »Sie ist eine der fünf Schwestergöttinnen, von denen angenommen wird, dass sie auf der Bergkette südlich der tibetischen Provinzen Ü und Tsang thronen.«

Von Süden betrachtet, scheint die mythologische Bedeutung dagegen nicht so klar. Oder nicht so wichtig? Für die Sherpas, das Volk, das zu seinen Füßen lebt, ist die Bedeutung des welthöchsten Gipfels eher gering. »Wir verehren ja nicht den Everest, sondern den Khumbila, das ist der Berg der Menschen aus Khumbu«, sagt Buddhi Maya Sherpa, die Trekkingtouren in der Region anbietet. Der Khumbila, der »Gott von Khumbu«, überragt mit 5761 Metern, vom Land der Sherpas aus gesehen, den Everest oder auch den Ama Dablam. »Und den höchsten

Berg nennen wir auch nicht bei seinem tibetischen Namen, sondern meist einfach Everest.« Überdies verstehen viele Einheimischen nicht, was der Name Chomolungma überhaupt bedeutet. Sie wisse, dass die »offizielle« Übersetzung Göttin oder Mutter des Universums sei, sagt Maya Buddhi Sherpa. Aber wer das eigentlich ist, ist ihr unklar. »Da müsste ich mal einen alten Sherpa fragen.«

Es findet sich auch nicht viel Schriftliches zur Mythologie des Everest aus Sicht der Sherpas. Was heraussticht, ist eine Legende, die Helga Hengge, die erste deutsche Frau, die den Everest bestieg, in ihrem Buch *Mount Everest – Only the Scy Above* beschreibt. Im Rongbuk-Tal, so Hengge, zu Füßen des Everest, erzähle man sich, dass vor langer Zeit die Priester des Klosters unterhalb des Everest, die der vorbuddhistischen Bön-Religion anhingen, den buddhistischen Zauberer und Missionar Padmasambhava zu einem Wettrennen zum Gipfel herausgefordert hätten. Noch in der Nacht sei der Bön-Priester, auf seiner heiligen Trommel reitend, hinaufgestiegen. Seine Anhänger hätten Padmasambhava geweckt, er müsse aufstehen, der Konkurrent sei schon den halben Weg hinauf. Doch der Meister habe erwidert: »Habt keine Angst, sobald die ersten Sonnenstrahlen da sind, werde ich losziehen.« Und als die Sonne herauskam, habe ihn deren erster Strahl direkt und auf seinem Thron sitzend zum Gipfel getragen. Dort habe er eine Weile gehockt und auf die Welt hinabgeschaut. Als er hinabstieg, ließ er seinen Thron oben stehen. Der Bön-Priester sei derweil gestorben, doch die Geister des Berges hätten seine Trommel behalten. Jedes Mal, wenn jetzt eine Lawine abgehe, glaubten die Menschen nun zu hören, wie die Dämonen des Berges das Musikinstrument des Priesters schlagen.

Dass die Menschen in Khumbu ganz generell die Götter und Dämonen der Natur verehren, ist bekannt. Es gilt für den gesamten tibetischen Kulturkreis, in dem die alte Bön-Religion in den Buddhismus integriert wurde. Auf den Gipfeln hocken mächtige Wesen, die Natur ist belebt, auch heute noch, Jahrhunderte nach der Buddhisierung der Region durch indische Missionare. Die Sherpas wie auch die Tibeter verehren Berge, so wie sie Quellen und Bäume verehren.

Deshalb finden sich natürlich sogenannte Manimauern, aufgeschüttet aus Natursteinen, und eine Stupa am Fuße des Everest. Am

Thokla-Pass, zwischen Dingboche und Lobuche gibt es außerdem eine Gedenkstätte für die Toten des Everest. Und allenthalben am Everest wehen vielfarbige Gebetsfahnen. Aber wo wehen sie nicht im Himalaja?

Vergleiche hinken immer – aber in Hinblick auf seine Heiligkeit, seine mythologische Bedeutung, kann der Everest es wohl kaum mit dem Berg Kailash in Zentraltibet oder mit dem Amnye Machen in Osttibet aufnehmen. Vermutlich eben nicht einmal mit dem Khumbila, der den Sherpas heilig ist. Es gilt, ähnlich wie in Hinsicht auf seine bergsteigerische Dimension: Eigentlich ist er nichts Besonderes – er ist eben nur der Größte.

5 Die Einheimischen

Eins, zwei, drei. Noch ein Schritt. Ich sehe die Zedern über mir, den blauen Himmel. Ich höre das Lachen der Sherpa-Jungs mit den kurzen Hosen und den 45-Kilo-Lasten, die sie nur mit einem Seil an der Stirn auf dem Rücken schleppen. Dann breche ich zusammen. Noch einmal blicke ich hinauf zu den schneebedeckten Bergen im Norden, dann sinke ich rücklings auf die braune Erde.

Wie sieht es zu Füßen des Everest aus, wer sind die Menschen, die am höchsten Berg der Welt leben und arbeiten? Um das herauszufinden, habe ich mich nach Khumbu aufgemacht, in die Region, in der dieses Volk – denn dafür steht der Name Sherpa eigentlich, der meist einfach als »Träger« missverstanden wird – siedelt.

An einem taufeuchten, leuchtenden Maimorgen bin ich in dem Ort Lukla gelandet, in einer kleinen Propellermaschine voller Reissäcke, Plastikbeuteln und auch Eierkartons, auf jenem Flughafen, der als einer gefährlichsten der Welt gilt, weil die Flieger steil zum Hang landen, gebremst durch die Steigung. Ich bin ein enges Tal hinauf durch nasses Gras marschiert, auf breiten Sandwegen und mit Steinplatten befestigten Passagen, durch kleine, mediterran wirkende Dörfer. Die Fenster der ein- und zweistöckigen Häuser waren mit Geranien in ausgedienten Konservendosen geschmückt, die rund geschnittenen, kleinen Terrassenfelder von hüfthohen Steinmauern begrenzt. Ein junger Maisbauer grüßte mich auf Deutsch und erzählte mir, dass er eine Zeit in Heidelberg gelebt habe. Auf halbem Weg machte ich eine Pause, um in einem kleinen Café Zweiminutennudeln zu futtern, und beobachtete, wie die Träger aus der Region an einer alten Raststation auf Bänken aus gewaltigen Granitklötzen ihre Lasten ablegten und Bidis rauchten: Säcke voller Getreide und Zucker, gebündeltes Baumaterial wie Rohre und Holzlatten. Maultierkarawanen zogen vorbei, Yak-Karawanen, die ganze Expeditionen zum Everest-Base-Camp oder zurück brachten. Ein einzelner Reiter stürmte auf einem Pferd ohne Sattel vorbei.

An den Stahlseilen der Hängebrücken, in der tiefen Schlucht über dem Dudh Kosi, flatterten Gebetsfahnen. Auf den Terrassen der Restaurants, die den Weg säumten, hockten Westler mit nacktem Oberkörper und Bier in der Hand. Mit einem jungen peruanischen Bergenthusiasten namens Ezechiel passierte ich den Checkpost zum Sagarmatha National Park, ließ meinen Pass stempeln und entrichtete das Entgelt, von dem bekannt ist, dass es nicht die Taschen der Einheimischen füllt, sondern die von irgendwelchen Beamten in Kathmandu. Ich erklärte dem staunenden Ezechiel, dass man linksherum um die Stupas und die Manimauern geht, um mit der rechten Körperseite der Religion Respekt zu erweisen. Und ich fühlte mich mit jedem Schritt hinauf in das tibetische Hochland glücklicher, vertrauter mit dem eigentlich ja Unvertrauten. Obwohl schnell klar war: authentische, vom Westen unberührte Kultur war hier sicher nicht zu finden.

Himalaja-typische Höhe dagegen auf jeden Fall. Jetzt hocke ich kurz vor dem Tagesziel auf dem Boden, den Rücken gegen den Rucksack gelehnt. Der Atem beruhigt sich zwar, das Herz pocht wieder etwas langsamer, aber ich habe hämmernde Kopfschmerzen. Etwas peinlich ist mir meine Lage, hier am Wegrand, wo quasi alles vorbeiströmt, was nach Khumbu hinein- oder hinauswill. Ich greife nach meiner Trinkflasche und der Schokolade.

»Brauchst du Hilfe?« Lachend klettern die Sherpa-Träger den steilen Hang hinauf, der einige Hundert Höhenmeter über dem Fluss durch dichten Wald führt. Sie tragen kurze Hosen und haben Waden wie Baumstämme. »Ist schon gut«, sage ich. »Alles bestens.« Langsam raffe ich mich wieder auf und folge dem Weg hinauf nach Namche Basar, dem Hauptort von Khumbu. Der Wald öffnet sich. Als ich den Ort erreiche, wird es dunkel, erste Wolken ziehen auf.

Namche liegt in einem kahlen, felsigen Talkessel, einzelne Wacholderbüsche ducken sich an Steinmauern, die schmucklosen Flachbauten haben Wellblechdächer. Ich spaziere zwischen Pizzerien und Kneipen, kleinen Läden mit Kleidung und Lebensmitteln, in denen Frauen in Trachtenimitaten mich anlächeln. Hinter beleuchteten Glasfassaden sitzen Westler aller Altersgruppen in Trekkingoutfit. In den verwinkelten Straßen spielen Kinder zwischen Yaks, die ihren Atem in die kalte, feuchte Luft blasen. Es ist eine seltsame ostwestliche Mischung. Ein brummender Kiez auf 3500 Metern Höhe mit einem Hauch von Outdoor- und Öko-Szene.

Das Hotel hat keine Heizung, aber eine chinesische Wärmedecke für die Steckdose. Ich wähle das lokale Dosenbier zum Abendessen. Es gibt tibetische Momos mit Gemüsefüllung.

Durch die Dunkelheit höre ich Gesang und Trommeln und klettere hinauf ins Kloster, auf der anderen Seite des Talkessels. Ein Fest steht an. Bevor es beginnt, wandle ich durch eine kleine Ausstellung in einem angegliederten »Museum« im oberen Stockwerk des Klosters, das die Geschichte der Sherpas erzählt. Sherpa – das heißt Mensch aus dem Osten, hier wird es noch einmal erklärt. Aus der Region Kham in Osttibet sind diese Menschen gekommen, geflüchtet vor etwa sechshundert Jahren. Vielleicht aus religiösen, vielleicht aus wirtschaftlichen Gründen, wer kann das heute noch sagen? Der Legende nach suchten sie ein Be-yül, eines jener dem tibetischen Glauben nach versteckten Täler, von denen es einige im gesamten Himalaja gibt. Womöglich haben sie zunächst Zwischenstation in Zentraltibet gemacht und stiegen erst über den 5700 Meter hohen Nangpa La-Pass, der Khumbu von Tibet trennt, hinunter in ihr neues Siedlungsgebiet, als muslimische Invasoren nach Tibet vordrangen, um das Land zu islamisieren. Jedenfalls ließen sich vier Clans von ehemals nomadischen lebenden Menschen hier nieder, in einem Land, das damals noch weitgehend unbewohnt gewesen war. Über die Jahrhunderte splitteten sie sich auf in die etwa zwanzig Sippen, die heute nicht nur in Khumbu, sondern auch in anderen Regionen des südlichen Himalaja siedeln, vor allem in Nepal, aber auch zum Beispiel im indischen Darjeeling.

Ich betrachte eine Schautafel: »From Trade to Tourism« steht darauf, sie beginnt mit den Bergsteigern in den Fünfzigern. Viel Platz ist Everest-Erstbesteiger Edmund Hillary gewidmet. Einem tibetischen Mandala nachempfunden ist eine – ganz moderne – Darstellung der Aktivitäten der Sherpas im Jahresverlauf. Neben Heuernte und Heufüttern sind auch die Touristensaison und die Schulferien verzeichnet.

Die Sherpas gehören zur Nyingmapa-Schule, die auch als »alte« Schule des tibetischen Buddhismus bekannt ist. Im achten Jahrhundert von dem indischen Missionar Padmasambhava gegründet, der im tibetischen Kulturkreis bekannter ist als Guru Rinpoche, betont sie die Mystik und bezieht die lokalen Gottheiten besonders ein, die sie mit der vorbuddhistischen, vom Schamanismus geprägten Bön-Religion teilt.

Ich steige die Holztreppe hinab, das Fest beginnt. Der Hof ist neonstrahlerbeleuchtet von allen Seiten. Vor der Bühne stehen kräftige Kerle mit Fleecejacken im Publikum, viele haben die Haare zum Zopf gebunden. Frauen tragen Kopftücher. Ein paar Westler sind dazwischen, die mehr wie Hipster aussehen als Alpinisten. Die Kinder sind aus den umliegenden Schulen zurück, sie führen Theaterstücke auf. Jatakas, Geschichten aus den früheren Leben des Buddhas. Gekleidet sind sie in eine Mischung aus tibetischen und indischen Kostümen. Nach jeder Szene gibt es frenetischen Applaus. Höhepunkt ist die Erzählung von Prinz Sattva, der seinen Körper einer hungernden Tigerin hingibt, die kurz davor ist, ihren eigenen Nachwuchs zu verspeisen. Danach singen alle die nepalesische Nationalhymne.

Zum Abschluss wird für die Sherpas am Berg gebetet. Ein kleiner, alter Mönch mit kurzen Haaren rezitiert aus den Seiten auf dem Blockdruck, die er behutsam umschlägt. Danach frage ich ihn vorsichtig, was für ein Text das gewesen sei. »Keine Ahnung«, sagt er. Er könne die Zeichen lesen, aber er wisse nicht so genau, was darin stehe.

Am übernächsten Tag bin ich ausgeruht und halbwegs akklimatisiert, ich steige hinauf in Richtung Gokyo-Tal, das westlich des Everest liegt, nicht so überlaufen ist wie die Route zum Basislager des welthöchsten Berges und deshalb typischer für die Sherpa-Kultur.

Doch nun setzt Regen ein. Zwischen nassen Wacholdersträuchern und auf rutschigem Geröll wandere ich in den Ort Khumjung und bewundere die Statue für Edmund Hillary. Sie steht in einer großen Pfütze vor zwei Stupas und einem nicht mehr ganz intakten Volleyballnetz im Zentrum des Ortes. Ein kleines Grünquadrat umgibt den Gedenkort. »Gründer der Khumjung Schule 1961« lese ich unter dem Monument. Hillary ist mit schräg sitzendem Hut, Wollweste und wohlwollendem Blick in Stein gehauen. Jemand hat ihm einen frischen Khatak umgelegt, einen tibetischen Glücksschal. Kinder rennen über den Platz. Eine nepalesische Fahne weht im Regen, der immer dichter wird. Der Himmel zieht sich zu. Ein Hubschrauber donnert vor schwarzen Wolken in Richtung Mount Everest.

Es dämmert, als ich im Nachbarort an die Tür des Krankenhauses klopfe. Dort habe ich einen Termin mit dem Arzt Kami Temba Sherpa. Er hockt an seinem iPad, ein Ofen mit Yak-Dung brennt und zischt. Sein Gesicht sieht irgendwie traurig aus, aber als er anfängt zu sprechen, zieht sich ein Lächeln darüber. Der Doktor ist voller Lob für Hillary. »Das Gebäude hier ist 1966 unter seiner Anleitung gebaut worden«, sagt er. »In traditioneller Steinbauweise. Dann ist er um die ganze Welt gereist, um Spenden zu sammeln, um eine Stiftung zu gründen, um den Bau von Straßen und Brücken zu fördern. Und um die Schule im Nachbarort Khumjung zu errichten.« Der Mediziner kann auch nichts Schlechtes am westlichen Einfluss in Khumbu finden. »Bevor die Bergsteiger kamen, gab es hier Tuberkulose und Lepra. Jetzt haben wir ein Krankenhaus mit zwei Behandlungszimmern. Mit einem Röntgenraum, einem Labor. Wir sind ganz ordentlich ausgestattet, mit einem Inkubator, einem Defibrillator, einem EKG-Gerät.« Mit dem neuseeländischen Alpinisten habe die Entwicklung seiner Heimat erst begonnen, mit ihm sei der Fortschritt gekommen. »Sir Ed Mont« nennt er Hillary. Und mir wird klar: Der Everest-Erstbesteiger ist hier eine Ikone.

Am nächsten Morgen schließe ich mich einem betrunkenen jungen Mann mit einer Plastiktüte statt Mütze auf dem Kopf an, der mir auf einer Abkürzung in den Ort Phortse im Dauerregen und mit säuerlichem Gesichtsausdruck erklärt, dass der Everest ein einziger Fluch sei. Er habe seinen Onkel und seinen Bruder dort verloren. »Sie waren Träger, beide. Einer ist in eine Spalte gefallen, den anderen hat eine Lawine erwischt. Er ist verdammt, dieser Berg«, sagt er. Als wir wieder auf den Hauptweg kommen, verschwindet er in der Gauri Shanker Lodge, einer Kaschemme am Straßenrand, in der eine junge Frau an einen Glastresen voller Rumflaschen lehnt.

Am Nachmittag erreiche ich Phortse. Der Regen geht langsam in Schnee über. Ein Alter, zahnlos, in einem schwarzen Anorak und einer Jogginghose mit drei Streifen, die vielleicht mal grau gewesen ist, winkt mich in seine Behausung, die mehr Höhle als Haus ist. Die

Konstruktion aus Stein und Sperrholz ist halb in den Hang gebaut. Die Löcher in der Decke sind mit Plastikplanen geflickt. Es ist trocken und warm. Wacholderstämme knistern im Ofen, der Alte setzt einen riesigen, völlig verrußten Kessel mit Milchtee auf. Der Rauch zieht in den Raum, ein kleiner verrotzter Junge sitzt am niedrigen Tisch und futtert Kekse. Daneben macht die Enkelin konzentriert Schulaufgaben. »Früher waren wir Kartoffelbauern und haben Salz mit Tibet gehandelt«, sagt er. »Wir waren arm. Jetzt haben wir alles.« Er weist auf die Wand neben dem Ofen und schüttet Massen von Zucker aus einem gelben Behälter in den kochenden Tee.

»Aber wart ihr nicht auch glücklich?« Er lacht über den wilden grauen Bart. Zweifelnd, ausweichend? Jedenfalls antwortet er nicht. Obwohl ich mir sicher bin, dass er meine Frage verstanden hat.

Ich komme in einem Gasthaus unter, in dem die Auszeichnungen einheimischer und internationaler Alpinisten an der Wand hängen. Urkunden und Postkarten, Gipfelbilder von Sherpas und Bergsteigern. Phortse ist bekannt für das Khumbu Climbing Center, wo berühmte westliche Bergsteiger die Einheimischen unterrichten. Und überhaupt für seine enge Bindung an den Alpinismus.

Die Unterkunft wirkt wie eine Jugendherberge in der Schweiz. Am Abend kommen die Kids aus dem Ort zusammen, hören Musik auf den Smartphones, trinken Bier. Später tanzen zwei. Wie überall auf der Welt, denke ich und trockne meine völlig durchnässte Kleidung über Stühlen im Gastraum.

Die meisten der 70 Familien in dem Ort leben von Everest-Besteigungen. »Eigentlich alle«, sagt der Betreiber des Gasthauses. Ohne den Alpinismus kein Geld, kein Leben. »Es hängen ja nicht nur die dran, die ganz oben sind. Es geht doch schon hier unten los. Mit denen, die das Material ins Basislager schleppen zum Beispiel, oder die Trekkingtouren ins Basislager machen. Aber auch die Leute, die Restaurants haben in Namche oder irgendwo zwischen Namche und Lukla, verdienen mit.« Es hänge das ganze Volk dran. »Und die, die ganz nach oben gehen, verdienen am meisten.« Aber sie hätten ja auch das größte Risiko. Dazu gehören die Ice Fall Doctors, die die Route durch den Khumbu Eisbruch einrichten und sichern, sowie die Climbing-Sherpas, Bergführer, die die Klienten bis auf den Gipfel begleiten. »Manche sind dabei selbst berühmt geworden, zu weltbekannten Bergsteigern. Und das ist gut so«, meint er. Aber zu welchem Preis?

Als ich Phortse am nächsten Morgen im Schneeregen verlasse, sehe ich nur Frauen draußen auf den matschigen Feldern. Die Männer sind oben, am höchsten Berg.

Auf dem Weg hinauf durch das Gokyo-Tal treffe ich gegen Mittag einen Bauern, der an einem halb vereisten Bach ein verendetes Yak segnet. Ich gewinne schnell an Höhe. Der Regen geht nun endgültig in Schnee über. Auf der gegenüberliegenden Flussseite kann ich niedrige Steinhäuser ausmachen, kleine Dörfer, verwehte Pfade im Schnee. Dort geht sicherlich kaum ein Tourist entlang. Wie mag es hier vor sechzig Jahren ausgesehen haben, bevor die Touristen kamen, die Alpinisten? Wie mag es hier vor siebenhundert Jahren ausgesehen haben? Als die Sherpas das Land, von Norden kommend, besiedelten? In Machermo wird ein Marathon vorbereitet. Wegweiser werden aufgestellt, Solarkollektoren platziert, Toiletten eingerichtet. Zwei Beamte sind aus Kathmandu eingetroffen, sie bauen einen provisorischen Checkpost auf. In zwei Tagen sollen die Teilnehmer des welthöchsten Langstreckenlaufs, der mittlerweile Tenzing Hillary Everest Marathon heißt und im Basislager des Everest beginnt, hier vorbeikommen. Überall in Khumbu liegen Abgeschiedenheit und globaler Sportwahnsinn nah beieinander. Ein tibetischer Flüchtling serviert in meinem zugigen Zimmer ein Thali – traditionelles nepalesisches Essen. Er trägt eine Spiegelbrille, eine enge graue Jeans und eine Wattejacke. Ein kleiner weißer Hund springt um ihn herum, er nennt ihn Tashi. Wir kommen ins Gespräch. Hier oben, so nah an der Grenze zu seiner Heimat, ist der Mann tief unglücklich. »Da drüben, ja, da komm ich her«, sagt er und blickt Richtung Norden. »Aber ich bin geflohen, jetzt kann ich nicht zurück.« Und die, die eigentlich ein verwandtes Volks sind, mögen ihn nicht, klagt er: »Sie verachten uns Flüchtlinge.«

Als ich am nächsten Morgen durch Tiefschnee losstapfe, folgt mir der Hund. Ich drehe mich um. Keiner schaut ihm nach. Ich herrsche ihn an: »Lauf zurück!« Ich wedele mit den Armen. Aber Tashi bleibt hinter mir. Mit seinen kurzen Beinen hüpft er durch die schmale, tiefe

Spur, die irgendwelche Vorgänger heute früh gezogen haben. Mal ist er vor mir, mal hinter mir.

Gegen Mittag, auf über 4500 Meter, öffnet sich der bedeckte Himmel und die Sonne strahlt auf ein weißes Plateau. Jetzt ist der Gokyo-See nicht mehr weit. Yak-Karawanen kommen mir entgegen, sie machen den verschneiten Weg frei, geführt von Nationalpark-Rangern in leuchtend roter Kleidung. Dahinter Bauern, die ihre Herden von den Weiden am See hinabführen.

Lange sind sie passiert, ich kann das Tal, in dem der See auf 4860 Meter liegt, schon sehen, da stellt sich mir ein einzelner Yak in den Weg, ein eigenwilliger Nachzügler. Vorsichtig drücke ich mich an der Felswand an dem mächtigen Grunzochsen vorbei. Auf der anderen Seite des Pfades fällt das Tal ein paar Hundert Meter tief hinab. Aber Tashi traut dem Tier nicht. Der Hund, kleiner als ein Schneehase, stellt sich dem gewaltigen Yak-Bullen entgegen. Er bleibt stehen und bellt. Der Bulle weicht unwillig ein paar Meter zurück, aber dann stürmt er vor. Tashi hetzt mit zurückgeworfenem Kopf davon. Aber nur ein paar Meter. Dann dreht er wieder um, bellt. Der Yak bremst. Stillstand.

Der Yak kann nicht ausweichen, der Hund aber auch nicht. Mit seinen kurzen Beinen scheut er den tiefen Schnee jenseits des Pfades. Sie stehen sich gegenüber. Eine Pattsituation.

Ich klettere den Hang hinauf und rufe, vielleicht macht Tashi wenigstens einen kleinen Umweg, damit der Yak seinen Weg ins Tal fortsetzen kann. »Tashi, komm her.« Aber der Hund steht auf dem Weg, er bellt. Mal macht er ein paar Schritte vor, dann wieder der Bulle. Eine halbe Stunde vergeht, noch eine Viertelstunde. Zwischen mir und meinem kleinen Begleiter ein unberechenbares Urvieh. Ratlos hocke ich mich auf einen Stein und blicke auf die verschneite Hochebene. Bald wird die Dämmerung einsetzen, aber ich will den Hund nicht zurücklassen.

Plötzlich grunzt der Yak und rast los. Diesmal stoppt er nicht. Tashi muss in den Tiefschnee hopsen. Der Bulle zottelt unberührt weiter ins Tal. Der Hund wühlt sich aus dem Schnee heraus, springt zurück auf den Weg, schüttelt sich. Und endlich geht es weiter.

Tashi läuft vor. Er kennt den Weg. In Gokyo flitzt er schnurstracks auf ein Gasthaus zu. Ich ziehe mir die Schuhe aus. Ein Jugendlicher sitzt zockend vor einem Computer. Dahinter eine Glasfront und ein gigantischer Blick auf den See. Vereiste Berge und Gletscher in der Abenddämmerung. »Ah. Da ist ja der Hund«, sagt er lakonisch. »Sie haben schon dreimal angerufen und nach ihm gefragt.« Er stellt Tashi einen Napf mit Reis und lauwarmes Wasser hin. »Hast du auch Hunger?«

Gokyo würde es ohne den Tourismus kaum geben. Eine Ansiedlung aus Gasthäusern auf einer Alm. Ein Ort wie ein ostwestlicher Traum, eine hochalpine Variante von Shangri-La, der Tibet-Vision des britischen Schriftstellers James Hilton. Die Häuser wie gezimmert in die Schneewüste. Bodenständige Bergkultur in einer majestätischen Landschaft. Vielleicht bin ich hier in einer Art modernem Be-yul, denke ich, einem der versteckten Länder der tibetischen Mythologie. Nur in einer ganz zeitgemäßen Form.

Bevor ich über den berüchtigten Flughafen von Lukla zurück nach Kathmandu fliege, statte ich Dr. Lhakpa noch einen Besuch ab. Er wohnt im Thamo-Tal, das als das ursprünglichste im oberen Teil von Khumbu gilt, und er ist ein Experte für die Gegenwartskultur der Sherpas, ein weitgereister Wissenschaftler, der in Neuseeland und den USA studiert hat.

Im Eingang zu dem Ort Thamo liegt eine wasserbetriebene Gebetsmühle mit zerbrochenen Schaufeln an einem Bach. In der Ortsmitte hocken zwei Frauen auf einem großen Felsblock vor ihrem Haus in der Mittagssonne und waschen Reis. Ich frage nach dem Doktor, und sie zeigen auf ein niedriges Holztor gegenüber.

Dr. Lhakpa ist ein schmächtiger Mann, die grauen Haare halblang gestutzt und sorgsam gestriegelt. Er trägt eine Hose mit Taschen auf den Oberschenkeln, einen Fleece-Pullover und bittet mich in seiner Wohnstube an den Holztisch. Tibetische Sitzteppiche liegen auf den Steinbänken. Ein Flachbildschirm hängt an der Wand aus nackten Felsblöcken. Mit geschmeidigen Bewegungen schenkt er mir Tee ein, wartet bis ich genippt habe, dann erst sich selbst. »Ohne Milch, das mache ich möglichst, wenn ich hier bin.« Er zeigt auf seinen keineswegs beachtlichen Bauch. »Ich bekomme nicht viel Bewegung.« Er habe sich für ein paar Wochen an seinen Heimatort zurückgezogen, um zu schreiben. »Ein wissenschaftliches Buch.«

Die Kultur der Sherpa sei sehr ähnlich wie die tibetische, sagt Dr. Lhakpa. »Und unsere Sprache ist eins von 15 Idiomen, die mit dem Tibetischen verwandt sind. Sie ist sogar besser im Original erhalten.« Er eilt hinüber in die Kochnische, um Wasser aus dem Kocher in die Teekanne nachzufüllen. »Aber im Hindu-Staat Nepal sind unsere Traditionen über Jahrhunderte geschwächt worden.« Er stellt die Kanne auf den Tisch und setzt sich wieder. Erst der Westen habe das Selbstbewusstsein und den Stolz seines Volkes wieder befeuert. »Die Bergsteiger und Touristen, die zum Everest wollten, brachten Interesse an unserer Kultur mit. Wissenschaftler wie der Deutsche Michael Oppitz haben unsere Lebensweise dokumentiert.« Er nippt an seinem Tee und blickt mich prüfend durch die schwarzen Augen an.

»Aber haben die jungen Leute hier ihre Traditionen nicht schon lange an den Westen verloren?«, frage ich. »Weitgehend ja«, sagt Dr. Lhakpa. »Ihre Kultur ist verflacht. Sie sind zerrissen zwischen zwei Welten. Es ist leicht für sie, sich in den USA oder Kanada an die Lebensweise anzupassen. Aber wenn sie zurückkommen, sind sie sehr unter Druck. Sie können zwar die Rituale in den Klöstern bezahlen, aber sie können kein einziges Gebet sprechen.«

Er plädiere ohnehin für einen neuen, modernen Ansatz. Für einen vereinfachten, entritualisierten Buddhismus: »Aberglaube ist sehr verbreitet in unserer Kultur. Aber ich selbst bin nicht abergläubisch. Es macht für mich keinen Unterschied, ob mein Horoskop sagt, ich sollte an Donnerstagen lieber keine Reise antreten oder an Montagen. Das ist auch mit dem heutigen Leben nicht vereinbar. Trotzdem sind meine persönlichen Vorstellungen sehr von unserem Glauben geprägt.« Zu dieser Kultur gehöre es, nicht zu töten, nicht zu lügen – und sich generell an einige weitere Verhaltensregeln zu halten. Etwa keine Drogen zu nehmen und nicht ehezubrechen.

»Aber was ist dann geblieben vom tibetischen Buddhismus?«

»Eine flachere Form. Unsere Religion ist durch den Westen geschliffen. Und damit erst reif für die Gegenwart.«

6 Die Erfolglosen

Der erste legendäre Bergsteiger am Everest war der Brite George Mallory. Seine Antwort auf die Frage, warum er den Berg besteigen wolle, ist in die Geschichte eingegangen: »Weil er da ist.« Möglicherweise ist ihm das sogar geglückt, 29 Jahre vor der offiziellen Erstbesteigung, eine ganze Nation hat lange darüber gerätselt – aber bewiesen wurde es nie.

Dreimal war Mallory in den Zwanzigern mit britischen Expeditionen in dem damals reichlich unbekannten Gebiet an der Grenze zwischen Nepal und Tibet – einem Land, das sich die Chinesen noch nicht einverleibt hatten und das sich weitgehend von der Außenwelt abschottete. Hatte die erste Expedition zum Ziel, die Region um den höchsten Berg der Welt zunächst einmal nur zu erkunden, so ging es bei der zweiten und dritten Expedition darum, ihn tatsächlich zu erklimmen – und damit das, was damals auch »Der dritte Pol« genannt wurde, für die Briten »zu erobern«. Es war also durchaus eine Frage der nationalen Ehre.

Doch vom letzten Versuch, den Everest zu besteigen, kamen Mallory und sein Teamkollege Andrew Irvine nicht zurück. Und sein mysteriöses Verschwinden warf Fragen auf. War er nun oben gewesen oder nicht?

Mallory wurde im nordwestenglischen Mobberley im Bezirk Cheshire geboren. Er wuchs in einfachen Verhältnissen als Sohn eines Priesters auf, hatte zwei Schwestern und einen jüngeren Bruder. Was sich bald zeigte, war sein ausgesprochenes Klettertalent. Mallory-Biograf Wade Davis zitiert Georges jüngere Schwester mit den Worten: »Ich habe sehr früh gelernt, dass es fatal war, ihm zu sagen, dass ein Baum für ihn unmöglich zu erklettern war. Unmöglich war ein Wort, das ihn herausforderte.«

Der junge Mallory war ein begabtes Kind. Mit 13 Jahren bekam er ein Mathematikstipendium am Winchester College, und in seinem letzten Jahr dort wurde er von einem Tutor namens Robert Lock Graham Irving in das Klettern und Bergsteigen eingeführt. Dieser zog jedes Jahr mit einer kleinen Gruppe in die Alpen. Mallory und ein Mitschüler waren 1904 das erste Mal dabei. Im folgenden Sommer kletterte Mallory gemeinsam mit Irving und einem weiteren Mitstreiter auf seinen ersten Viertausender – den Dent Blanche im Wallis. Bekannt ist, dass Tutor Irving einen recht unorthodoxen Alpenstil kultivierte, mehrfach ermahnte ihn der Vorstand des Alpine Club wegen seiner riskanten Hochtouren. Irving selbst erinnerte sich laut Mallory-Biograf Wade an Mallorys ungewöhnliche Körperbeherrschung, Athletik und Souveränität am Berg.

Aber genauso wichtig war für den alpin Hochbegabten in jungen Jahren auch das Leben neben der Kletterei. Kunst und Literatur, Geisteswissenschaften zogen ihn zeitlebens an. Mallory kam an das Magdalene College in Cambridge, um Geschichte zu studieren, und freundete sich dort bald mit späteren Mitgliedern der Bloomsbury Group an, einer Reihe von Intellektuellen, zu denen etwa Virginia Woolf gehörte. Ein Mitglied, der Autor Giles Lytton Strachey, schrieb 1909: »Mon dieu! – George Mallory! … Er ist zwei Meter groß, mit dem Körper eines von Praxiteles aus dem Stein gehauenen Athleten und einem Gesicht – oh unglaublich: das Mysterium eines Botticelli, die Raffinesse und Zartheit eines chinesischen Drucks, die Jugend und Schärfe eines einzigartigen englischen Jungen.« Was im Rückblick reichlich schwülstig klingt, zeigt nicht nur, welche Richtung die britische Kultur damals einschlug, sondern auch, dass Mallory in diesen Kreisen für sein Aussehen und seinen athletischen Körperbau geradezu bewundert wurde.

Nach seinem Abschluss blieb Mallory noch ein Jahr in Cambridge, er schrieb ein Essay, das unter dem Titel *Boswell the Biographer* veröffentlicht wurde. Eine kurze Zeit lebte er in Frankreich, 1910 begann er in Charterhouse, einer der alteingesessenen großen britischen Public Schools, zu unterrichten. 1914 heiratete George Mallory Ruth Turner – genau sechs Tage bevor England und Deutschland gegeneinander in den Krieg zogen. Mallory wurde erst im folgenden Jahr eingezogen und 1917 zum Leutnant befördert. Er kämpfte in Frankreich, unter anderem an der Schlacht an der Somme. Nur kurz kehrte er nach dem Krieg in seinen Job an der Schule zurück – er kündigte, um an der ersten Himalaja-Expedition teilzunehmen. Aufgrund seiner Leistungen in den Alpen wurde er zur Teilnahme eingeladen. Es hatte sich ausgezahlt, neben seiner Arbeit immer wieder in die Berge zu ziehen. Jetzt konnte er sein Hobby zum Beruf machen.

Was der Everest damals für die Briten bedeutete, wieweit seine Erstbesteigung eine Frage der nationalen Ehre war, lässt sich am besten mit den Worten des britischen Chemikers und Bergsteigers Alexander Mitchell Kellas zusammenfassen. Er schrieb am 22. Februar 1916 in einem Brief an Sandy Wollaston, der wie Kellas später zu den Mitgliedern der ersten britischen Expedition ins Everest-Gebiet gehören sollte: »Wir haben beide Pole verpasst, nachdem wir dreihundert Jahre lang die Meere beherrscht haben, und wir werden ganz sicher nicht die Chance verstreichen lassen, das Gebiet rund um den Mount Everest zu erkunden, nachdem wir hundertsechzig Jahre lang die dominierende Macht in Indien waren. [...] Ich zum Beispiel wäre stolz, mit zwei bis zehn Trägern oder sogar allein dahin zu gehen, um Großbritannien dieses kleine Stückchen Erforschung zu sichern.«

Die British Reconnaissance Expedition von 1921 hatte zunächst aber »nur« zum Ziel, Routen zum Nordsattel des Everest zu erkunden. Das Terrain war in doppelter Hinsicht Neuland. Einerseits war bis dahin kein westlicher Forscher näher als 65 Kilometer an den Berg herangekommen. Andererseits waren die Kenntnisse über das Klettern in großer Höhe noch sehr begrenzt. Niemand wusste zum Beispiel, ob es möglich war, auf dem Gipfel in mehr als 8800 Metern Höhe ohne Sauerstoff in Flaschen zu überleben.

Als Projekte von nationaler Bedeutung war diese wie auch die folgenden Unternehmungen im ganz großen Stil militärisch durchorganisierte Expeditionen. Der Berg wurde – so nannte man es damals – »belagert« wie ein Feind in einer Burg. Hunderte von Trägern, Köchen und Yak-Treibern waren im Einsatz – und bedienten eine Handvoll sorgfältig ausgesuchter Bergsteiger. Nicht selten zum Erstaunen und Amüsement der Einheimischen.

1921 gelang den Briten einiges an Vorarbeit. Die ersten genauen Karten der Everest-Region wurden produziert, die Expedition erkundete erfolgreich unterschiedliche Routen auf den Berg. Unter Mallorys Leitung und mit der Unterstützung eines Dutzend Sherpas erklommen die Bergsteiger eine Reihe niedrigerer Gipfel, die den allerhöchsten umgaben. Mallory und sein Team waren die ersten Westler, die einen Blick auf das Western Cwm, auch Tal des Schweigens genannt, warfen, das als das höchstgelegene Tal der Welt gilt. Am 23. September erklommen sie auf der Suche nach einem Weg auf den Gipfel, ebenfalls als erste Europäer, den Nordsattel auf 7020 Metern über Meeresniveau.

Doch schon im folgenden Jahr kehrte Mallory an den Everest zurück. Jetzt sollte sein Team den ersten Gipfelversuch wagen. Zwar vermied Mallory den Einsatz von künstlichem Sauerstoff, denn seine Verwendung galt in dieser Ära – ganz ähnlich wie später noch einmal in den Siebzigern – vielen Alpinisten als unsportlich. Dennoch erreichte er bei schlechten Wetterbedingungen zusammen mit zwei anderen Bergsteigern fast den Grat des Nordostkamms. Und damit eine neue Rekordhöhe von 8225 Metern. Kurz darauf kletterte ein Team aus derselben Expedition auf eine weitere Rekordhöhe, etwa 8321 Meter, doch diese Bergsteiger waren mit damals noch sehr schweren Sauerstoffflaschen ausgestattet, die sowohl beim Klettern als auch – eine absolute Neuheit – beim Schlafen eingesetzt wurden.

Als er 1924 erneut zum Everest reiste, war er der festen Auffassung, dass es seine letzte Chance war. 37 Jahre war er nun alt. Und vollkommen davon überzeugt, dass es diesmal gelingen würde. »Ich hatte den Eindruck, dass er absolut besessen von der Idee war, den Mount Everest zu besteigen«, sagte das Expeditionsmitglied Noel Odell später in einem Interview. »Er legte sein Herzblut darein. Er sprach über nichts anderes. Und ich glaube, dass dies einer der Gründe für seinen Tod war.«

Am 4. Juni 1924 beginnen George Mallory und Andrew Irvine ihren Aufstieg vom vorgeschobenen Basislager in 6500 Metern Höhe. Mallorys junger Begleiter ist zwar bergsteigerisch unerfahren, doch er ist auch ein durchtrainierter Sportler. Irvine, 22 Jahre alt, und Ingenieurstudent am Merton College in Oxford, ist ein Star des Ruderteams der Universität, groß, blond und unglaublich stark. Als begabter Mechaniker hat er überdies eigenhändig Sauerstoffgeräte umgebaut und optimiert – eine gute Voraussetzung für die Verwendung dieser noch relativ neuen Technologie am Berg. Trotz seiner bergsteigerischen Unerfahrenheit hat Mallory ihn bereits auf der Überfahrt nach Indien als möglichen Kletterpartner ausgewählt. Es ist aber nicht nur die Kombination aus Erfahrung und Jugend, die das Zweierteam auszeichnet, sondern auch die der unterschiedlichen Charaktere. »Mallory, der Stratege und Träumer, Irvine, der bodenständige, praktisch veranlagte Partner, der sich um die Details kümmerte. Sie schienen ein ideales Paar«, schrieb ein Biograf Mallorys.

Am 6. Juni 1924 sind die beiden auf dem Weg von Lager IV auf dem Nordsattel zu Lager V. Jetzt verwendet auch Mallory Sauerstoffflaschen. Er hat seine skeptische Haltung nach der Beobachtung des raschen Aufstiegs des Teams, das im Vorjahr einen Höhenrekord aufgestellt hatte, revidiert. Obgleich die Geräte damals unzuverlässig und unhandlich waren. Ein letztes Foto zeigt sie mit der monströsen Sauerstoffausrüstung auf dem Rücken.

Ihr Kollege Noel Odell, der den Auftrag hat, zu ihrer Sicherheit in einem gewissen Abstand hinterherzuklettern, erhält am 7. Juni eine Nachricht, die Mallory mit einem Träger den Berg hinabgeschickt hat: Mallory entschuldigt sich für das Chaos, das er im Zelt in Lager IV hinterlassen habe. »Lieber Odell, es tut uns schrecklich leid, dass wir die Dinge so durcheinandergebracht haben. Unser Kocher rollte im letzten Moment den Hang hinunter. Stellen Sie sicher, dass Sie morgen rechtzeitig in Lager IV zurückkehren, ich hoffe, wir sind es dann auch. Im Zelt muss ich einen Kompass zurückgelassen haben. Um Gottes willen, finden Sie ihn. Wir haben keinen.« Irving und er planten, mit zwei Sauerstoffzylindern den Berg hinaufzusteigen – »aber es ist eine verdammte Last beim Klettern«. Dafür sei es »perfektes Wetter für den Job. Mit freundlichen Grüßen, G. Mallory«.

Mallory und Irvine erreichen Lager VI am 7. Juni. Hier verfasst Mallory eine Nachricht an den Expeditions-Fotografen: »Wir brechen morgen wahrscheinlich früh auf, damit wir klares Wetter haben. Ab acht Uhr können Sie nach uns Ausschau halten. Entweder durchqueren wir dann das Felsband unterhalb der Gipfelpyramide oder wir steigen auf dem Grat nach oben. Grüße, Ihr George Mallory.«

Wann genau die beiden am 8. Juni 1924 tatsächlich zum Gipfel aufbrechen, ist bis heute nicht klar, wahrscheinlich erst nach Sonnenaufgang. Später findet man im Zelt ihre Magnesiumfackeln und Taschenlampen, die sie für einen Aufbruch im Dunkeln benötigt hätten. Sie lassen auch Teile der Sauerstoffausrüstung zurück. Gab es damit Probleme?

Jedenfalls kann Teamkollege Noel Odell, der ihnen hinterhergestiegen ist, sie an diesem Tag mittags in ungefähr 7925 Metern Höhe ausmachen, an der »herausragenden Felsstufe direkt am Fuß der Gipfelpyramide«, schreibt er später, vermutlich der sogenannte First oder auch der Second Step, möglicherweise sind sie auch noch höher unterwegs. Odell gibt in dem Film *Everest – Mystery of Mallory und Irvine* zu Protokoll:

»Ich bemerkte weit entfernt auf einem Schneehang, der zu der nach meiner Einschätzung vorletzten Stufe führte, ein winziges Objekt, das sich bewegte und sich der Felsstufe näherte. Ein zweites Objekt folgte und dann kletterte das erste nach oben. Als ich diesen dramatischen Auftritt aufmerksam beobachtete, wurde die Szene wieder von Wolken umhüllt. Es war natürlich niemand anderes als Mallory und Irvine.«

Die beiden kommen nach seiner Beobachtung durchaus rasch voran – er schätzt auch, dass sie noch mindestens drei Stunden zum Gipfel brauchen würden und dann spät in der Dunkelheit absteigen müssten. Doch eine Stunde nach seiner Sichtung schlägt das Wetter plötzlich um. Aus Sorge um Mallorys und Irvines Sicherheit steigt Odell allein bei starkem Wind und Schneeregen über Lager VI hinaus dem Gipfel entgegen, um die Bergsteiger zu finden, aber er kann keine Spur von ihnen entdecken. Schließlich kehrt er, wie von Mallory angewiesen, in Lager IV zurück. Trotz seiner Erschöpfung versucht Odell in den nächsten Tagen noch einmal, die beiden zu finden, aber ohne Erfolg. Er ist der Letzte, der Mallory und Irvine lebend sehen sollte. Die beiden britischen Bergsteiger kehren nicht in ihr Lager zurück.

Abgesehen von Odells Beschreibung wurden nie Beweise dafür gefunden, dass Mallory und Irvine höher als bis zum sogenannten First Step geklettert sind. Gleichwohl werden sie in England als Nationalhelden gefeiert. Zu einem Gedenkgottesdienst am 17. Oktober 1924 erscheinen in der Londoner St. Paul's Cathedral neben Familienmitgliedern, Freunden und Würdenträgern auch König George V. und weitere Mitglieder der königlichen Familie sowie der Premierminister Ramsay MacDonald und sein gesamtes Kabinett.

Doch die Frage, wie weit sie hinaufgekommen waren – und ob sie möglicherweise doch den Gipfel bestiegen hatten, lässt der Öffentlichkeit keine Ruhe. Schon bald nach der Tragödie machen sich mehrere Expeditionen auf den Weg, um die Leichen von Mallory und Irvine zu finden – und vielleicht auch Hinweise darauf, wie weit sie den Berg hinaufgestiegen sind.

Eine ihrer Sauerstoffflaschen wird kurz unterhalb des Bereichs gefunden, an dem Odell sie zuletzt gesehen hat, Irvines Eispickel 1933 in der Nähe, eindeutig zu identifizieren an den drei Kerben, mit denen er seine Ausrüstungsgegenstände markiert hatte.

Der britische Bergsteiger und Autor Frank Smythe meinte auf einer Expedition 1936, aus der Ferne eine Leiche erspäht zu haben, noch einmal unterhalb jener Stelle, an der Irvines Eispickel drei Jahre zuvor gefunden worden war: »Ich habe die Flanke vom Basislager durch ein Hochleistungsteleskop abgesucht [...], als ich etwas Merkwürdiges sah.« Natürlich sei es »weit weg und sehr klein« gewesen, aber er habe ein hervorragendes Sehvermögen und glaube nicht, dass es ein Stein war. »Dieses Objekt befand sich genau an der Stelle, an der Mallory und Irvine gefallen wären, wenn sie über die Geröllhalden gerollt wären«, schrieb Smythe. Doch er hielt die Entdeckung zunächst zurück, da er Presserummel befürchtete; erst 2013 enthüllte sie sein Sohn in einer Biografie über den Vater.

Immer wieder gab es Gerüchte, immer wieder wurde das Thema in der Öffentlichkeit diskutiert. Ende 1986 startete Everest-Chronist und Autor Tom Holzel eine Suchexpedition, die auf Berichten des chinesischen Kletterers Zhang Junyan beruhte. Zhang hatte erzählt, sein Zeltkamerad Wang Hungbao sei 1975 auf 8100 Metern Höhe über eine gefrorene Leiche gestolpert, Wang habe ihm den Körper als »English Dead« beschrieben und berichtet, seine altertümliche Kleidung riss, als er ihn berührte. Doch zwei Tage, nachdem Hungbao 1975 seine Geschichte erzählt hatte, starb er in einer Lawine in der Nordwand. Weitere Details über den Fundort konnten nicht mehr ermittelt werden.

1999 startete die pressegesponserte »Mallory and Irvine Research Expedition«. Sie wurde geleitet von US-Bergsteiger Eric Simonson.

Basis war – neben den Beschreibungen des Chinesen Wang – auch die ausgiebige Forschung des deutschen Bergsteigers Jochen Hemmleb. Hemmleb wurde als Mallory-Experte bekannt, ihn bewege »die Geschichte in der Geschichte« sagte er. Mit geradezu detektivischer Akribie hatte er alle verfügbaren Informationen interpretiert und das Suchgebiet eingegrenzt. In seiner Studentenwohnung hatte er ein Foto des chinesischen Lagers, von dem aus Wang den Toten gefunden hatte, analysiert. Er hatte es mit anderen Bildern aus dem Bereich verglichen, auf denen Schneefelder oder Felsen in dem Gebiet auf der Nordroute abgelichtet waren. Über Rückpeilung war es ihm schließlich gelungen, den Standort des chinesischen Camps zu bestimmen – weit abseits der heutigen Routen. Hemmleb konnte der Expedition jetzt ein eindeutiges Gebiet für ihre Suche vorgeben.

Am Berg selbst ging dann alles ganz schnell. Nur wenige Stunden nach Beginn der Suche fand Conrad Anker, ein US-amerikanischer Bergsteiger, am 1. Mai in 8 157 Metern Höhe in der Nordwand einen gefrorenen Körper. Die Leiche ragte, sonnengebleicht und mumifiziert, mit Tweedkleidung und Lederschuhen aus dem Schnee, ein Seil noch um die Taille. Da sie unterhalb jener Stelle entdeckt wurde, wo Mallorys Axt zum Vorschein gekommen war, vermuteten die Alpinisten zunächst, es sei Irvine – und hofften auf die Kamera, von der es hieß, er habe sie dabeigehabt, um weitere Aufschlüsse über den Verlauf der Katastrophe, womöglich auch auf einen Gipfelerfolg, zu bekommen. Zumal Fotoexperten immer wieder beteuert hatten, dass die extreme Kälte den Film erhalten hätte. Doch dann erkannte Anker das immer noch gut erhaltene Namensschild des Verunglückten: »G. Leigh Mallory«.

»Als wir merkten, dass es George Mallory war, waren wir wirklich überwältigt«, erinnert sich Dave Hahn, ein weiterer Kletterer, der dabei war, in Mountainzone.com. »Wir wollten ihn nicht stören, er lag seit 75 Jahren dort, aber gleichzeitig dachten wir, was wäre eine bessere Hommage an den Mann, als herauszufinden, ob er 1924 den Mount Everest bestiegen hatte.«

Die Leiche war aufgrund der trockenen Luft und der Gefrierbedingungen in ausgezeichnetem Zustand. Aus den Taschen der Kleidung wurden ein Messinghöhenmesser, ein Taschenmesser mit Hirschgriff und Lederschuber sowie eine unbeschädigte Schneebrille geborgen. Persönliche Gegenstände, darunter ein Brief und eine Rechnung eines Londoner Anbieters von Kletterausrüstung, bestätigten die Identität. Eine Kamera fand sich allerdings nicht.

Bevor die Expedition Mallorys Todesort verließ, feierten sie einen anglikanischen Gottesdienst für ihn. Sie bedeckten seine sterblichen Überreste mit einem Steinhaufen auf dem Berg, wie es der Wunsch seiner Familie gewesen war.

Aber wie genau war er nun umgekommen? Vermutlich starben Mallory und Irvine entweder am späten Abend des 8. Juni oder am folgenden Tag. Das Team, das ihn 1999 auf der Nordroute fand, stellte schwere Verletzungen an seiner Taille fest, um die sich die Überreste eines Kletterseils wanden. Es schien, als seien Irvine und er zusammengebunden gewesen, als einer von ihnen ausrutschte. Mallorys Körper lag dreihundert Meter unterhalb und etwa hundert Meter horizontal entfernt von dem Ort, an dem 1933 sein Eispickel gefunden worden war. Dass sein Leib relativ wenige Brüche aufwies, von Frakturen am rechten Bein abgesehen, wies darauf hin, dass er nicht von jener Stelle gestürzt sein konnte, wo der Pickel lag, sondern von weiter unten. In Mallorys Stirn fand sich eine schwere golfballgroße Stichwunde, wahrscheinlich die Todesursache. Einer Theorie zufolge könnte er abgerutscht sein und den Pickel in das Eis gerammt haben, um Halt zu finden. Dabei könnte die Eisaxt, etwa von einem Fels, abgeprallt sein – und ihn tödlich getroffen haben.

Besonders spekulativ ist die Frage, was zuvor geschehen ist. Die meisten Theorien gehen davon aus, dass die beiden, ausgestattet mit zwei Sauerstoffflaschen, entweder die erste oder die zweite Stufe erreichten, wo sie von Odell gesehen wurden. Dort habe dann Mallory Irvines Sauerstoff übernommen und sei alleine weitergestiegen – wobei er den Gipfel erreicht haben könnte oder eben auch nicht. Oder beide kletterten von dort zusammen hinauf und kehrten um, nachdem ihr Sauerstoff verbraucht war oder sie erkannt hatten, dass er nicht reichen würde. Beiden Theorien zufolge rutschte Mallory jedenfalls beim Abstieg aus und fiel in den Tod, vielleicht bei schlechter Sicht in dem von Odell beschriebenen umschlagenden Wetter. Irvine stürzte demnach entweder mit ihm oder starb allein an Erschöpfung und Unterkühlung.

Zwar wurden, abgesehen von Odells Beschreibungen, nie Beweise dafür erbracht, dass Mallory und Irvine höher als bis zum sogenannten First Step geklettert sind. Doch mit dem Fund der konservierten Leiche von Mallory bekamen die Spekulationen neue Nahrung. So wurde die Tatsache, dass bei dem Leichnam kein Foto seiner Frau gefunden wurde, als entscheidendes Indiz für den Gipfelerfolg des Briten verbucht. Denn es war bekannt, dass Mallory das Porträt stets bei sich trug und es, so hatte er mehrmals betont, auf dem Gipfel des Everest hinterlassen wollte. Kritiker wandten allerdings ein, der Chinese Wang, auf dessen Entdeckung der Fund von Mallorys Leiche zurückgeht, könne das Foto an sich genommen haben.

Auch Mallorys unversehrte Schneebrille, die sich in der Tasche der Leiche befand, wird als Indiz dafür gehandelt, dass er bis zum Gipfel gestiegen und nach Sonnenuntergang abgestiegen sein könnte. Ein Mitglied seiner Expedition hatte ein paar Tage zuvor ernsthafte Schneeblindheit erlitten, weil er seine Schutzbrille nicht trug. Mallory, so die Vertreter dieser Theorie, hätte zumindest bei Tageslicht wahrscheinlich nicht auf sie verzichtet.

»Ich halte es für wahrscheinlicher, dass sie es nicht geschafft haben«, sagt Jochen Hemmleb in einem Interview mit skiinfo.de. Er glaube nicht daran, dass die beiden Briten tatsächlich bis zum Gipfel gestiegen seien. »Die Hauptfrage ist wohl, ob sie den schwierigen Second Step geschafft haben.«

1953 waren Edmund Hillary und Tenzing Norgay die ersten, die nachweislich auf dem welthöchsten Flecken standen. Viele sind der Meinung, dass man ihnen diese Ehre nicht absprechen sollte, solang man es nicht beweisen kann. Auch Hillary selbst. »Wenn sich herausstellen würde, dass Mallory tatsächlich den Gipfel des Everest betreten hat, würde dies offensichtlich einen Unterschied für Tenzing und mich bedeuten«, sagt der Neuseeländer in dem Film *Everest – Mystery of Hillary and Irvine*. »Wir gelten als die Heldenfiguren, die zum ersten Mal den Gipfel des Everest erreichten. Aber ich denke, wir würden auch nur ein bisschen herabgestuft werden, zu den ersten beiden Männern, die den Gipfel erreichten und tatsächlich wieder sicher runterkamen. Was natürlich eine Frage aufwirft. Wenn Sie zum ersten Mal auf einen Berg klettern und beim Abstieg sterben, ist es wirklich eine vollständige Erstbesteigung des Berges? Ich bin persönlich eher geneigt zu denken, dass es doch ziemlich wichtig ist, dass man mit vollständigem Aufstieg und Abstieg den Gipfel eines Berges erreicht, dass man sicher wieder zurückkommt.«

Im Jahr 2007 haben zwei Kletterer versucht, die Expedition von George Mallory nachzuerleben. Der Plan war, den Everest nur mit Ausrüstung aus den Zwanzigern zu besteigen. Der US-Amerikaner Conrad Anker, der 1999 Mallorys gefrorenen Körper unter dem Gipfel entdeckte, und sein britischer Kletterkollege Leo Houlding machten sich auf dieselbe Route, die Mallory genommen hatte.

Doch sie scheiterten. Schließlich entschieden sie, dass es zu kalt war, um auf moderne High-Tech-Textilien zu verzichten. Es sei zu unsicher geworden, sagte eine Sprecherin der Londoner Gesellschaft, die den Aufstieg von Anker und Houlding filmte.

Edmund Hillary hat zwar bezweifelt, dass Mallory die Ehre gebührt, als Erster auf dem höchsten Gipfel gestanden zu haben, aber die Bedeutung des britischen Bergsteigers stellt er keineswegs infrage: »Der Platz, den Mallory und Irvine in der Geschichte des Bergsteigens haben, ganz sicher für meine Generation, ist in der Tat sehr dominant. Sie waren diejenigen, die den Ball am Everest wirklich ins Rollen gebracht haben, und ich denke, dass Mallory einen geradezu inspirierenden Charakter hatte, was seine Entschlossenheit betrifft, auf dem Everest erfolgreich zu sein. Er war derjenige, der nicht nur seine Gefährten mitriss, sondern die ganze Welt dazu brachte, sich für den Aufstieg zum Mount Everest zu interessieren. Für den Mount Everest war er in den Zwanzigernjahren eine gewaltige Persönlichkeit.«

7 Die Erfolgreichen

29. Mai 1953, Mount Everest, Lager IX, 8500 Meter. Es ist vier Uhr morgens, als der neuseeländische Alpinist Edmund Hillary und Tenzing Norgay, ein Bergsteiger aus dem Volk der Sherpa, das Zelt öffnen. Es ist ein klarer Tag, keine Wolke ist am Himmel zu sehen, kein Wind weht. 27 Grad minus. Bestes Wetter für den Gipfel.

Doch Hillary hat seine Bergstiefel ausgezogen, statt sie mit in den Schlafsack zu nehmen. Jetzt sind sie hart gefroren. Der Aufbruch verzögert sich um eine geschlagene Stunde, in der sie damit beschäftigt sind, die dampfenden Treter des Neuseeländers über dem zischenden Kocher zu wenden. Dann erst legen sie die Steigeisen an, setzen die Schneebrillen auf und stellen die Ventile der Sauerstoffflaschen ein. Um halb sieben starten sie den Anstieg.

1. Juni, abends. Elizabeth, Großbritanniens noch ungekrönte Königin, studiert im Buckingham Palace eine Nachricht aus der für Staatsgeschäfte vorgesehenen roten Depeschenbox. Am nächsten Tag soll sie gekrönt werden. Draußen im regnerischen britischen Frühsommer sammeln sich bereits die ersten Schaulustigen. Eine dringliche Nachricht, jetzt noch? Was kann es sein?

Drei Tage hat es gedauert, bis sie die Information von der Besteigung des Mount Everest erreicht hat. Doch als sie am nächsten Morgen in ihrer goldenen Kutsche zur Westminster Abbey rollt und Hunderttausende Briten auf den Beinen sind, um ihr zu gratulieren, steht es bereits in allen Zeitungen, Lautsprecher schmettern es durch Straßen und Gassen: Der Everest ist bestiegen! Hillary hat es geschafft! Zum ersten Mal haben Menschen den höchsten Punkt der Erde erreicht.

Dass in diesen Tagen zwei Weltereignisse aufeinandertreffen, lässt sich auch auf geopolitische Veränderungen zurückführen. 1949 hat

Nepal seine Grenzen geöffnet, nachdem das Land jahrhundertelang kaum von Ausländern betreten wurde, und gleichzeitig hat das neue kommunistische Regime in China Tibet für Ausländer abgeriegelt. Für den Everest bedeutete das: Auf der Südseite beginnt ein Run auf den Berg, der Jahrzehnte andauern wird.

Im Frühjahr 1953 trifft ein großes englisches Team in Nepal ein. Erheblicher finanzieller und technischer Einsatz werden auch für die dritte britische Expedition aufgebracht, die den Everest in Angriff nimmt. Hillary und Tenzing gehören zum Team der Bergsteiger.

Edmund Hillary, geboren am 20. Juli 1919, ist Imker von Beruf, aufgewachsen in Auckland. Als Kind hat er das Bergsteigen in den Neuseeländischen Alpen gelernt. Der Vulkan Ruapehu mit 2797 Metern Höhe war der erste nennenswerte Gipfel, auf dem er 1933 stand. Hillary hat zwei Jahre lang die Universität von Auckland besucht, bevor er sich, wie sein Vater, der professionellen Bienenzucht zuwendete. Er ist ein Hüne von 1,92 Metern, ein kräftiger Mann. Und ein Alpinist aus Leidenschaft. Er klettert, »weil es Spaß macht«. Auf dem Everest zu stehen ist sein Ziel, seit er 1951 zum ersten Mal im Himalaja war.

Über die genaue Herkunft von Tenzing Norgay, geboren vermutlich am 29. Mai 1914, gibt es verschiedene Versionen. Einer Autobiografie zufolge ist er in Tengboche, in Khumbu, der Region am Fuß des Everest, geboren und aufgewachsen. In einem Interview mit All India Radio 1985 sagte er, dass seine Eltern aus Tibet stammten, er aber in Nepal geboren wurde. Späteren Berichten und einem Buch seines Sohnes Jamling Tenzing Norgay zufolge kam er in Tsechu, im tibetischen Kama-Tal auf die Welt. Nach Angaben seines Sohnes Norbu Tenzing Norgay wuchs er in Thame in Khumbu auf.

Jedenfalls ist Norgay jetzt als Sirdar tätig, als Leiter der Träger der Expedition. Er organisiert den Lastentransport. Denn kein Sherpa ist so oft am Everest gewesen wie er. Schon die drei englischen Expeditionen, die sich in den Zwanzigern am Everest versucht haben, rekrutierten ihn als Träger. Zehn Jahre war er alt, so erinnerte sich Norgay später, als die Männer heimkamen und vom Verschwinden von George Mallory und Andrew Irvine berichteten. »Ich hörte ihre Namen und vergaß sie nie wieder.« Und weil schon damals das Verhältnis zwischen den Sherpas und den Europäern ambivalent war, wusste er: Er wollte der Erste von ihnen sein, der mehr war als bloß ein Träger für die Briten. Er wollte der erste Sherpa auf dem Gipfel des Everest sein.

Also arbeitet Norgay sich hoch. 1935, 1936 und 1938 steht er für drei britische Everest-Expeditionen im Dienst – die alle scheitern. 1947 steigt er mit Earl Denman, einem Kanadier die Flanken des Everest hinauf. 1952 ist er Sirdar für zwei Schweizer Everest-Expeditionen und stellt mit 8600 Metern einen neuen Höhenrekord auf.

Doch diesmal soll es klappen. Norgay ist jetzt 39 Jahre alt, er hat reichlich Erfahrung gesammelt. Zweihundert Gepäckträger umfasst die Gruppe, die am 11. März von Kathmandu aus zum Mount Everest losläuft. Sie erreichen Thyangboche in Khumbu und beginnen am 26. und 27. März mit der Höhenakklimatisierung.

Die Expedition will auf Nummer sicher gehen: »Der Grundplan sah zwei Gipfelversuche vor, jeweils von zwei Kletterern, mit einem möglichen dritten Angriff, falls erforderlich«, sagte Bergsteiger George Band, einer der Teilnehmer der Expedition, später gegenüber *National Geographic*.

Als die Männer das Basislager auf knapp 5500 Metern Höhe erreichen, müssen sie feststellen, dass 15 von 48 Sauerstoffflaschen komplett leer sind. Es wird Ersatz geordert. Am 12. April errichten die Bergsteiger eine Route durch den Khumbu-Eisfall, dann transportieren sie Tonnen von Ausrüstung weiter hinauf – die Sherpas mit je 20 bis 30 Kilogramm auf dem Rücken, die Briten tragen nur leichtes Gepäck.

Norgay überwacht die Logistik, teilt Träger und Lasten ein, treibt an, schlichtet Streit. Es wird eine Reihe von Lagern angelegt. Am 15. April richten Hillary und zwei weitere Bergsteiger Lager II auf 5900 Metern ein. Lager III oberhalb des Eisfalls steht am 22. April auf 6200 Metern, Lager IV am 1. Mai – das vorgeschobene Basislager in 6400 Metern Höhe, das nach und nach zum Nervenzentrum der Expedition wird. Am 3. Mai ist Lager V auf 6700 Metern errichtet. Am 4. Mai folgen Lager VI auf 7000 Metern in der Lhotse Flanke und am 17. Mai Camp VII auf 7300 Metern Höhe. Bis zum 21. Mai haben sie den Südsattel erreicht, knapp 8000 Meter hoch.

Es ist der 26. Mai, als zwei andere Bergsteiger aus der Expedition den ersten Aufstieg versuchen, doch sie kehren zurück, weil eines der Sauerstoffsysteme ausfällt. Sie haben immerhin den Südgipfel erreicht. Jetzt erst weist der Expeditionsleiter John Hunt Hillary und Norgay an, den Gipfel zu versuchen – laut George Band durchaus aus Respekt vor den Einheimischen: »Es war immer Hunts Absicht gewesen, wenn möglich einen Sherpa in eines der Gipfelteams aufzunehmen, um ihren unschätzbaren Beitrag zum Erfolg dieser Expeditionen anzuerkennen.«

Doch Schnee und Wind halten die beiden zwei Tage am Südsattel auf, bevor sie mit Hilfe dreier anderer Teammitglieder weiter aufsteigen und am 28. Mai ein Lager auf 8 500 Höhenmetern errichten. Wenn man es so nennen will. Mit dem Eispickel kratzen sie aus Geröll und Eis eine Plattform heraus, gerade groß genug für das Zelt. Die Zeltwand schließt direkt mit dem Berg ab, an der die Südwestflanke des Everest steil abfällt. Sie können das Zelt nicht richtig verankern, nur ein paar Heringe lassen sich in Risse im Fels schlagen. Also beschweren sie den Boden mit den gewichtigen Sauerstoff-Flaschen. Noch nie haben Menschen ein Lager so nah an der Stratosphäre aufgeschlagen.

Die anderen Teammitglieder steigen ab. Im Zelt gibt es Sardinenbiskuits mit Zitronenlimonade. Norgay wirft den Kocher an. Hillary kalkuliert die Sauerstoffvorräte. Sie kauern sich hin. Hillary streckt seine langen Beine über Norgay hinweg.

Dann bricht ein Sturm los. Erst hören sie nur ein Säuseln in den Felsen über ihnen, dann greift der Nordwind plötzlich in das Zelt. Sie wissen, wenn er es packt, kann er es in den Abgrund schleudern. Mit allen Vieren stemmen sie sich gegen den Orkan, der aus Tibet weht, bis er nachlässt, ein Sirren noch, dann tritt Stille ein.

Und dann bricht der Wind erneut los. Immer wieder stemmen sie sich gegen den Wind, immer wieder legt sich der Sturm und fängt dann erneut an zu tosen. Langsam gewöhnen sie sich daran.

Aber auch die Kälte setzt ihnen zu, obwohl sie schichtenweise in Kleidung gehüllt sind. Sie tragen Unterhemd und Wollweste, lange Wollunterhosen und zwei Paar Wollsocken, Shetland-Pullover und Wollhemd, Daunenjacke, Daunenhose, darüber Windschutzjacke,

Sturmhose, drei Paar Handschuhe. Norgay behält auch seine Stiefel aus Rentierfell an.

Als sie am nächsten Morgen aus dem Zelt schauen, hat sich der Sturm gelegt. Keine fünfhundert Höhenmeter trennen sie nun noch vom höchsten Punkt der Erde. Doch der Weg, den sie einschlagen, nachdem sie Hillarys Schuhe entfrostet haben, ist mühsam. Erst steigen sie über Bruchharsch, tiefen Pulverschnee unter einer gefrorenen Schneekruste. Dann stapfen sie durch freien Pulverschnee. Jederzeit kann der ganze Hang wegbrechen.

Um neun Uhr stehen sie auf dem Südgipfel des Everest und blicken ehrfurchtsvoll auf einen schwindelerregend schmalen Kamm, der zum eigentlichen Gipfel führt. Hundert Meter Höhe, rund dreihundertfünfzig Meter Luftlinie sind jetzt nur noch zu bewältigen. Vor den Alpinisten zieht sich ein ungleichmäßig gezackter Schneegrat in Wellen zum Hauptgipfel hinauf.

Sie checken ihre Sauerstoffflaschen, nehmen eine Schluck aus Norgays Wasserflasche, bevor sie auf den Grat steigen. Der Schnee ist fest! Hillary kann Stufen in das Eis schlagen. Eine Stunde steigen sie auf, Tausende von Metern fällt die Wand links und rechts in die Tiefe ab. Einmal versiegt die Sauerstoffzufuhr, weil gefrorener Speichel die Atemmaske verstopft. Aber mit ein paar Griffen bekommen sie das Problem wieder unter Kontrolle.

Doch dann liegt vor ihnen plötzlich das, was Hillary später als »das furchtbarste Problem des Kammes« beschrieb, »eine etwa zehn, fünfzehn Meter hohe Gesteinsstufe [...] Der Fels selbst, glatt und beinahe frei stehend, hätte für eine Gruppe von ausgewiesenen Bergsteigern im Lake District eine durchaus interessante Sonntagnachmittagsherausforderung dargestellt, aber hier war es eine Barriere, die in Anbetracht unserer großen Erschöpfung unüberwindbar erschien.«

Perfekte Kooperation gilt als der Grund, warum John Hunt Hillary und Norgay zu einer Seilschaft erklärt hat. Auf der einen Seite der ehrgeizige, konditionsstarke Hillary. Auf der anderen der erfahrene, entschlossene, aber umsichtige Norgay. Beim Training sind die beiden einmal im Khumbu-Eisbruch unterwegs gewesen, geradezu vorgeprescht ist Hillary, angeseilt an Norgay – und prompt in eine Spalte gestürzt. Doch Norgay hat schnell und entschieden reagiert, den Pickel in das Eis gerammt, das Seil darum geworfen. Und so Hillarys Sturz in die Spalte aufgefangen. Es soll auch diese gemeinsame Erfahrung gewesen sein, die die beiden für den Weg auf den höchsten Gipfel zusammengeschweißt hat.

Von Vorteil ist außerdem, dass Norgay auf seinen vorherigen Expeditionen sehr gut Englisch gelernt hat. Und umgekehrt schätzte der Sherpa den Bienenzüchter aus Auckland sicher dafür, dass, dass er keine kolonial-britischen Allüren zeigte, keine Arroganz gegenüber dem Einheimischen, wie sie auch manche Alpinisten an den Tag legten. Sie sind ein eingespieltes Team.

Und das zahlt sich an dieser Felsstufe aus. Während Norgay von unten nervös Seil gibt, zwängt sich Hillary in die Spalte zwischen dem Felsen und einer an seinem Rand vertikal verlaufenden Schneezunge. Dann beginnt er, sich Zentimeter für Zentimeter an dem Abschnitt hochzuarbeiten, der von da an als Hillary-Step bekannt werden soll. »Mit dem Gesicht zum Felsen stieß ich die Steigeisen in das Eis hinter mir, suchte mit den Fingern jede kleinste Unebenheit im Fels und schob mich langsam aufwärts.«

Das Klettern ist mühsam, sein Arm ermüdet, aber Hillary hält durch. Zwei Stunden lang, bis, wie er später schreibt, »ich schließlich über das obere Ende des Felsens fassen und mich aus der Spalte heraus auf einen breiten Sims ziehen konnte. Ein paar Momente lang lag ich da und schöpfte Atem, und zum ersten Mal spürte ich eigentlich die wilde Entschlossenheit, dass uns nichts mehr daran hindern konnte, den Gipfel zu erreichen. Ich stellte mich mit beiden Füßen fest auf den Sims und gab Norgay das Zeichen nachzukommen. Während ich mit aller Kraft an dem Seil zog, wand Norgay sich die Felsspalte hoch. Oben angekommen, brach er erschöpft zusammen wie ein riesiger Fisch, der gerade nach entsetzlichem Kampf aus dem Meer an Land gezogen wurde.«

Zunehmend erschöpft klettern Hillary und Norgay weiter den sich schlängelnden Gipfelgrat hoch. Hillary fragt sich reichlich benommen, »ob unsere Kraftreserven noch reichen würden, um durchzukommen. Ich umging die Rückseite eines weiteren Felsblocks und sah, dass der Kamm vor uns wegbrach. Ich blickte auf, und dort über uns war ein gerundeter Bergkegel. Noch ein paar Hiebe mit dem Eispickel, ein paar vorsichtige Tritte und Griffe, und Norgay und ich waren oben angekommen.«

11.30 Uhr, Everest-Gipfel, 8849 Meter. Alle Strapazen, alle Anspannung fallen von ihnen ab. Hillary streckt Norgay »in guter angelsächsischer Manier« die Hand entgegen. Norgay ist emotionaler. »Ich warf die Arme in die Luft und schlang sie dann um Hillary, und wir klopften uns auf den Rücken, bis wir, selbst mit Sauerstoff, außer Atem gerieten.«

Sie können tief in das tibetische Hochland hineinschauen – und gleichzeitig auf die Berge Nepals im Süden. Hillary macht Fotos, berühmt ist das, auf dem Norgay seinen Schweizer Eispickel in den windstillen Himmel streckt. Norgay sagt später, ihm sei der Gipfel vorgekommen wie »eine Henne«, die umliegenden Berge wie »Küken unter ihren Schwingen«. Die Aussicht sei »wild, wunderbar – und schrecklich« gewesen. Norgay wickelt die Wimpel, die er an seinem Eispickel festgemacht hat, ab und stampft sie in den Schnee. Zu der Schokolade, die er den Göttern des Berges als Gabe auf dem Gipfel lässt, legt er einen Zweifarben-Schreibstift, den ihm seine Tochter Nyima mitgegeben hat.

Hillary sagt später, er habe dort oben auch an seine verunglückten Vorgänger gedacht: »Meine Gedanken richteten sich unweigerlich auf Mallory und Irvine. Mit wenig Hoffnung sah ich mich nach Anzeichen dafür um, dass sie den Gipfel erreicht hatten, aber konnte nichts sehen.«

Sie bleiben nicht lang. Ein paar Pfefferminzkekse und eine Viertelstunde, nachdem sie auf dem Gipfel angekommen sind, machen sich die beiden an den langen Abstieg. »Wir haben's dem Bastard aber gegeben«, sagt Hillary nach dem Erfolg.

Überdies haben sie in England Stürme des Jubels entfacht. Am Krönungstag von Queen Elizabeth II. ist auch die Gipfelbesteigung von Hillary und Norgay in aller britischer Munde. Schon am Morgen des 2. Juni ist darüber detailliert in der *Londoner Times* zu lesen, ein Bericht, abgefasst von einem jungen Korrespondenten namens James Morris direkt vom Everest. Als Funkmeldung gesendet, kodiert freilich, damit die Konkurrenz die Nachricht nicht abgreife.

Vier Jahrzehnte nach der bedeutenden Besteigung schreibt Morris rückblickend in *Die Everest-Krönung: Die Erstbesteigung und der Presseknüller, der die Königin krönte* über die Begeisterung der Briten an diesem Tag: »Man kann sich heute den beinahe mystischen Freudentaumel, mit dem das zufällige Zusammentreffen der beiden Ereignisse in England aufgenommen wurde, kaum noch vorstellen. Als sich die Briten endlich aus den Notzeiten erhoben, die sie seit dem Zweiten Weltkrieg heimgesucht hatten, sich aber zugleich dem Verlust ihres Weltreiches und dem unaufhaltsamen Verfall ihrer Stellung in der Welt gegenübersahen, hatten sie sich quasi eingeredet, dass die Thronbesteigung der jungen Königin ein Zeichen für einen neuen Anfang war – ein neues elisabethanisches Zeitalter, wie die Zeitungen es gern zu nennen pflegten. Der Tag der Krönung, der 2. Juni 1953, sollte ein Tag der symbolischen Hoffnung und Freude werden, an dem alle britisch-patriotischen Loyalitäten in einer erhabenen Stunde ihren Ausdruck finden würden: Und, o Wunder aller Wunder, an ebenjenem Tag traf aus fernen Ländern – ja, von den Grenzen des alten Weltreichs – die Nachricht ein, dass ein britisches Bergsteigerteam [...] das letzte noch verbliebene, über allem anderen stehende irdische Reiseziel für Forschung und Abenteuer, den höchsten Punkt der Erde, erreicht hatte. [...]

Jene Stunde setzte unter den Briten ein ganzes Orchester an überschwänglichen Gefühlen frei – Stolz, Vaterlandsliebe, Nostalgie für die verlorene Vergangenheit des Krieges und der Verwegenheit und die Hoffnung auf eine verjüngende Zukunft [...] Menschen, die das miterlebten, erinnern sich bis heute lebhaft an den Moment, wie sie, als sie an einem nieselnden Junimorgen in London darauf warteten, dass der Krönungszug an ihnen vorbeizog, die magische Meldung hörten, dass der Gipfel der Welt sozusagen ihnen gehörte.«

Tenzing Norgay wurde zum Nationalhelden erklärt – gleich von mehreren Ländern: Indien, Nepal und Tibet reklamierten den Sherpa kurzerhand für sich. Edmund Hillarys Konterfei erschien auf Titelseiten von Zeitschriften, er wurde Held in Comicserien, Bücher und Filme mit ihm als Protagonisten wurden produziert und reproduziert – und er wurde, noch viel mehr als Norgay, mit Ehrungen geradezu überworfen. Die Queen ernannte Hillary am 6. Juni 1953 zum

Knight Commander des Ordens des British Empire, im selben Jahr erhielt er die Krönungsmedaille von Königin Elizabeth II. Die nepalesische Regierung gab ihm die Ehrenbürgerschaft. Seit 1992 ist Hillarys Porträt auf Neuseelands 5-Dollar-Schein abgebildet. Zwei antarktische Gebiete wurden nach ihm benannt: die Hillary Coast, ein Küstenabschnitt südlich von Ross Island und nördlich der Shackleton Coast, und der Hillary Canyon, ein Unterwasser-Merkmal im Rossmeer. Über Nacht war der Bienenzüchter aus Auckland mit dem Adlergesicht, bald »Sir« Edmund Hillary, zu einem der berühmtesten Männer der Welt geworden.

Aber wer von den beiden war zuerst auf dem Gipfel? Der Neuseeländer oder der Sherpa? Ihr Ruhm verbreitete sich bereits rasant, als sie noch vom Berg abstiegen. »Als wir nach Kathmandu kamen, gab es eine sehr starke politische Strömung, insbesondere in der indischen und nepalesischen Presse, die sehr sicher sein wollte, dass Tenzing der Erste war«, erinnert sich Sir Edmund in einem Artikel von *National Geographic*. »Das würde beweisen, dass nepalesische und indische Kletterer mindestens so gut waren wie ausländische Kletterer. Wir fühlten uns damals ziemlich unwohl damit.« Nach einem Treffen mit John Hunt kamen sie überein, einfach nicht zu sagen, wer zuerst auf den Gipfel getreten ist.

Es war Norgay, der erst Jahre später in seiner Autobiografie *Tiger of the Snows* enthüllte, dass ihm Hillary tatsächlich vorausgegangen war.

Wie sehr aber jener welthöchste Flecken im Himalaja, der kaum die Größe einer Tischtennisplatte hat, eine Anziehungskraft entwickeln würde, das haben beide damals nicht geahnt. »Sowohl Tenzing als auch ich dachten, sobald wir den Berg bestiegen hatten, wäre es unwahrscheinlich, dass irgendjemand jemals einen weiteren Versuch unternehmen würde«, sagte Hillary. »Wir hätten falscher nicht liegen können.«

Auch John Hunt notierte in seinem Tagebuch: »So endet das Epos des Everest.« Er ahnte allerdings offenbar gleichzeitig, dass das Erreichen des Gipfels auch einen Anfang für eine weitere Entwicklung bedeuten könnte. Auf den letzten Seiten seines Buches *Mount Everest – Kampf und Sieg* schreibt er über neue Möglichkeiten am Gipfel, man könne ihn etwa unter anderen politischen Voraussetzungen von der Nordseite aus besteigen. Man könne den Gipfel auch überschreiten. »Diese und andere Möglichkeiten geben dem Abenteuer auf dieser einen kleinen Fläche des Globus Spielraum genug.« Eine weitere Möglichkeit, die Hunt beschreibt, ist, den Gipfel ohne Sauerstoff zu besteigen.

8 Die Rebellen

»Meine Kritiker sagen ja, dass mein Gehirn gelitten hätte«, bemerkte Reinhold Messner ironisch, nachdem ihm gemeinsam mit Peter Habeler gelungen war, als Erste ohne künstlichen Sauerstoff den Everest zu besteigen. Doch er und Habeler erfreuten sich bester Gesundheit. »Große Schäden hinterlässt dieses Bergsteigen nicht.«

Erfahrene Alpinisten hatten dem Plan wenig Aussicht auf Erfolg eingeräumt. Ärzte hatten eingewendet, dass ein Mensch in dieser Höhe nicht ohne zusätzlichen Sauerstoff überleben könne. »Beinahe jeder, ob Bergsteiger, Höhenphysiologe oder Arzt, hatte uns dringend abgeraten«, schreibt Peter Habeler in seinem Buch *Der einsame Sieg*: »Es ist nicht zu schaffen. Entweder kommt ihr gar nicht erst hinauf oder ihr kommt nicht mehr herunter. Und wenn ihr ganz großes Glück habt, kehrt ihr als lallende Idioten zurück. Der Sauerstoffmangel in dieser Höhe lässt bereits nach wenigen Minuten die Gehirnzellen absterben. Und zwar vorrangig diejenigen, die für die höheren menschlichen Funktionen gebraucht werden: Zuerst wird das Gedächtnis zerstört, dann das Sprachzentrum und zum Schluss verliert ihr Gesicht und Gehör. Der Everest ohne Sauerstoff ist Selbstmord.«

Dennoch krochen die beiden am 8. Mai 1978 gegen 13 Uhr ohne Atemmasken im Gesicht und Flaschen auf dem Rücken die letzten Meter zum Gipfel. Sie schafften, was zu ihrer Zeit kaum jemand für möglich gehalten hatte. Aber warum tut man so etwas?

Für Reinhold Messner ging es dabei offensichtlich um mehr als um die eine oder andere Art des Bergsteigens. Es ging um Philosophie. Und nebenbei auch um keine geringeren Themen als Freiheit und Antimilitarismus, um Technikfeindlichkeit und Romantik ohnehin. Vielleicht hat es mit dem revolutionären Geist der Siebziger zu tun, dass er so ideologisch, fast utopistisch klingt, wenn er dem Leser von *Everest* von der Entwicklung seines Plans berichtet:

»Zunächst war es eine schöne Illusion, den höchsten Berg der Welt nicht als Maschinenmensch zu besteigen«, schreibt er. »Aus der Illusion wurde eine fixe Idee und zuletzt eine Philosophie: Ist der Mensch in der Lage, diesen Punkt aus eigener Kraft zu erreichen? Ist die Welt so geschaffen, dass der Mensch ohne technische Hilfen auf ihre höchste Spitze klettern kann?«

Er rechnet mit der Vorstellung ab, Bergsteigen sei eine Art Kampf. »Ich steige nicht auf Berge, um ihre Gipfel zu erobern. Für wen auch? Ich begebe mich in Grenzsituationen, um meine Ängste, Zweifel und Hochgefühle zu erfahren.« Er verwirft auch das als Belagerungsstil bekannte Vorgehen ... bekannten Vorgehen klassischer Expeditionen: »Dieses Abenteuer verflacht, sobald sich der Mensch in seinem Ehrgeiz der Technik bedient. Selbst das höchste Gebirge schrumpft, sobald man mit Hunderten von Trägern, Haken und Sauerstoffgeräten in ihm herumsteigt.« Wer künstlichen Sauerstoff benutze, degradiere den Everest zum Sechstausender.

Messner verurteilt auch die »nationalistischen Expeditionen der Zwischen- und Nachkriegszeit – angestachelt vom Auftrag zu siegen«. Sie zerstörten »das harmonische Verhältnis des Abenteurers zum Unbekannten«. Es geht ihm auch um das Mysterium der Natur. Das Geheimnisvolle schrumpfe mit jeder aufwändigen Expedition: »Ein Gebirge erschöpft sich schnell, wenn sich der Mensch in der Anwendung seiner technischen Möglichkeiten nicht bescheidet, wenn es ihm mehr um den Gipfeltriumph als um Selbsterkenntnis geht.«

Die Sauerstoffmaske schließlich ist fast so etwas wie das Symbol, das die klassische Expedition von seiner Technik unterscheidet. Sie sei eine Barriere zwischen Mensch und Berg, »ein Filter, der visionäre Erlebnisse verhindert«. Den Berg der Berge ohne zusätzlichen Sauerstoff zu erklimmen, »Everest by fair means«, das sei »die humane Dimension, die mich interessiert«.

Der *Spiegel* kommentierte diese als neu präsentierte Denke so: »Reinhold Messner gehörte zur ersten Reihe junger Alpinisten, die gegen Kommissbetrieb, Kameradschaftskult und heldische Phrasen rebellierten und die den neuen Geist der Zeit auch auf den Bergen wehen ließen – freilich auch neue Phrasen, die nun psychologisch waren statt heroisch und von ›Motivation‹ und von ›natural highs‹ tönten statt von Ehre und Mannesmut. Messner machte sich ein Vergnügen daraus, die geheiligten Tabus der Kletterwelt zu brechen.«

Doch in Wahrheit war der Ansatz gar nicht so neu. Er war nur reichlich in Vergessenheit geraten. Messner verschweigt das nicht. Aber macht es auch nicht so deutlich wie sein Partner am Berg, Peter Habeler. Der minimalistische Ansatz, den Messner und er kultivierten, sei gleichzeitig neu – aber eben auch durchaus alt gewesen, so Habeler in *Der einsame Sieg*: »Leute, die uns freundlich gesonnen sind, schreiben, wir hätten der Bergsteigerei neue Dimensionen eröffnet.« Aber: »Wir knüpfen im Grunde an alte Traditionen an. Wir wollen die Bergsteigerei auf das zurückführen, was sie eigentlich sein sollte: eine fruchtbare Auseinandersetzung des menschlichen Geistes und der menschlichen Kraft mit der Natur. Wir lehnen es ab, uns an einem Berg hochzunageln oder hochzubohren. Wir wollen keine Atemgeräte benutzen; denn Atemgeräte lassen den Mount Everest von einem fast Neuntausender auf einen schlichten Sechstausender schrumpfen. Einer der Sherpas aus der Hillary-Crew hat das so ausgedrückt: ›Mit Sauerstoffgerät hat man nicht das Gefühl aufzusteigen, sondern man meint den Berg hinunterzugehen.‹«

Die Frage, ob mit oder ohne künstlichen Sauerstoff geklettert werden sollte, war vor allem zur Zeit der britischen Everest-Expedition von 1922, bei der unter anderem George Mallory ohne Atemmaske in 8 225 Metern Rekordhöhe vordrang, ein ernstes alpinistisches Streitthema. Große Beachtung fanden auch die Druckkammerexperimente des dänischen Arztes Georges Dreyer, der im Ersten Weltkrieg als höhenmedizinischer Berater der Royal Air Force tätig war. Nach seinen Untersuchungen, unter anderem mit dem australischen Chemiker und Bergsteiger George Ingle Finch, gelangte er zu der Überzeugung, dass in so großen Höhen das Überleben nur durch mit Sauerstoff angereicherte Atemluft möglich sei. Auch wurden Untersuchungen an Ballonfahrern vorgenommen, die in großen Höhen verstorben waren. Ein wesentliches Problem war allerdings: Wie sollte man die damals noch äußerst schweren Geräte auf den Berg bekommen?

Autor Rudolf Skuhra beschrieb die Herausforderungen der Zeit in *Sturm auf die Throne der Götter* 1950 so: »Alle waren sich einig über das Ziel: den Gipfel der Welt! Aber nicht so ganz einig war man sich über die technischen Hilfsmittel [...] Der auf der Fahrt 1921 verstorbene Dr. Kellas hatte die ersten Versuche mit Sauerstoff gemacht, ohne aber zu einem abschließenden Urteil kommen zu können; die großen Stahlflaschen, die er mitgenommen hatte, waren viel zu schwer und unhandlich. Außerdem bestand in Bergsteigerkreisen ein gewisses Vorurteil gegen die Mitnahme des Sauerstoffs; man hielt diese Hilfsmittel für nicht ganz fair im Kampf des Menschen gegen den Berg, ein Vorurteil, das auch der Mount-Everest-Ausschuss, der sich aus Mitgliedern der Königlich geographischen Gesellschaft und des Alpine Clubs zusammensetzte, teilte. Aber Hauptmann Finch und [der britische Bergsteiger] Somervell verwandten sich so intensiv für die Mitnahme von Luft, dass man sich überreden ließ. Finch machte sich an die Arbeit, ein für die Bergsteiger brauchbares Gerät zu schaffen, was ihm auch einigermaßen gelang. Er konstruierte ein Rahmengestell, das der Bergsteiger auf dem Rücken trug und das vier Sauerstoffflaschen enthielt. In jeder Flasche war ein Druck von hundertzwanzig Atmosphären und jede reichte für ungefähr zwei Stunden aus. Durch Kupferröhren wurde der Sauerstoff von den Flaschen aus zur Vorderseite geleitet, wo ein Druckmesser und Ventile zum Regeln des Zuflusses angebracht waren. Gummischläuche leiteten dann den kostbaren Stoff zur Maske, die fast das ganze Gesicht bedeckte. Leider erwies sich später diese Maske im Gebrauch als völlig untauglich, und Finch konstruierte selbst eine neue Art, die bedeutend einfacher war und sich auch gut bewährte. Obwohl man alles tat, um das Gewicht möglichst gering zu halten, hatte doch jeder Bergsteiger etwas über 16 Kilo zu schleppen.«

Fortan kletterten zwar die meisten Bergsteiger mit zusätzlichem Sauerstoff – aber nicht alle. Nicht nur George Mallory versuchte sich 1922 ohne künstlichen Sauerstoff am Gipfel. Bei der zweiten britischen Gipfelexpedition 1924 erreichte der Offizier und Alpinist Edward Felix Norton ohne Maske etwa 8 600 Meter über Meereshöhe, ein neuer Rekord. Bevor Reinhold Messner sich gemeinsam mit Peter Habeler anschickte, diesen Höhenrekord nach Jahrzehnten zu brechen, bekam er einen Brief von dessen Sohn, den er in *Everest* zitiert:

»Sehr geehrter Herr Messner, mit großem Interesse las ich kürzlich in der *Times* über Ihren und Herrn Habelers bevorstehenden Versuch, den Mount Everest ohne Sauerstoffgeräte zu besteigen. Ich sollte wohl erklären, dass ich der Sohn von Colonel (den Rang hatte er damals) E. F. Norton bin, dessen Versuch von 1924 am Everest Sie zitieren. Er erreichte damals ohne Sauerstoff die Höhe von 8550 Metern. Mein Vater glaubte ganz fest, dass unter den richtigen Bedingungen der Everest ohne Sauerstoffmasken bestiegen werden könnte. Meine Mutter, meine zwei Brüder und ich wünschen Herrn Habeler und Ihnen recht viel Glück. Wir werden die Berichte über Ihre Expedition mit größtem Interesse verfolgen. Hochachtungsvoll! Lieutenant Colonel Richard P. Norton.«

Noch ein weiterer britischer Gipfelstürmer hat sich nach Norton ohne zusätzlichen Sauerstoff am Everest versucht: Maurice Wilson, ein Abenteurer, von dem man annimmt, das er um den 1. Juni 1934 im Alter von 37 Jahren an dem Berg starb. Wilson war ein verwegener und gleichzeitig unglaublich kreativer Einzelgänger. Sein Plan war zunächst, mit einem Flugzeug auf den oberen Hängen des Everest eine Bruchlandung zu machen und dann hinaufzuklettern. Er hatte indes weder Erfahrung als Pilot noch als Bergsteiger. Die Presse griff seine wagemutigen Pläne gern auf.

Wilson erstand noch vor seiner ersten Flugstunde eine Gypsy Moth, einen offenen Doppeldecker, den er *Ever Wrest* taufte, *Ewiger Kampf*. Im Ersten Weltkrieg verletzt am linken Arm, tat er sich zwar schwer mit der nun erlernten Fliegerei, hob aber am 31. Mai 1933 aus Großbritannien in Richtung Südosten ab. Erst mal in den Schwarzwald, um dort bei Bekannten zu nächtigen. Der Begeisterung der Öffentlichkeit für das geplante Abenteuer stand der Widerwillen offizieller Stellen entgegen. Der Mann war ein Einzelgänger, der Everest aber eine nationale Angelegenheit, es bestand kein Interesse daran, ihn allein dort erfolgreich sein zu lassen. So wurden Wilson Überfluggenehmigungen verwehrt, der britische Alpine Club stellte sich gegen sein Vorhaben. Hinzu kamen schlechte Wetterbedingungen, die ihn zu erheblichen Umwegen auf der Flugroute in den Himalaja zwangen. Kurz vor dem

Ziel wurde seine Maschine schließlich konfisziert, woraufhin der findige Globetrotter versuchte, eine Genehmigung zu bekommen, zu Fuß zum Everest zu wandern – vergeblich.

Aber Wilson ließ nicht locker. Nun plante er, über das nordindische Darjeeling von der tibetischen Nordseite aus den Everest zu besteigen. Obwohl die Behörden des britischen Kolonialreiches ihn unter ständige Beobachtung stellten, gelang es ihm, sich im März 1934 in Begleitung mehrerer Einheimischer und verkleidet als blinder, tauber buddhistischer Mönch auf den Weg nach Tibet zu machen.

Wilson ist auch aufgrund seines minimalistischen Ansatzes ein Vorgänger Messners und Habelers. Der Brite hatte kaum Ausrüstung dabei. Er notierte in seinem Tagebuch:

»Ich weiß, was ein Mensch zu leisten vermag. Die Fehler aller bisherigen Mount-Everest-Expeditionen bestanden darin, dass man diese Expeditionen zu schwer ausrüstete, und zwar in der Gesamtheit und in Bezug auf das einzelne Expeditionsmitglied. Ich habe meinen Körper durch Fasten auf die kommenden Strapazen vorbereitet. Ich will nach hartem persönlichen Training in einer einmaligen Dauerleistung den Gipfel der Welt erobern. Ich weiß, dass diese meine Methode der persönlichen Schulung für die Alpinisten der Zukunft wegweisend sein wird.«

Er sollte recht behalten. Aber er sollte auch, wie so viele, seine visionäre Expedition nicht überleben. Wilson und seine Begleiter erreichten das Kloster Rongbuk nördlich des Everest, er schloss eine gewisse Freundschaft mit dem Abt, so heißt es, weil er einen großen Respekt vor der Natur gehabt habe. Dann folgte das kleine Team der Route der britischen Expedition von 1933, in deren Lagern der Brite oft noch Essbares und Ausrüstungsgegenstände fand. Auch einen Pickel, aber keine Steigeisen. Die Einheimischen zeigten ihm, wie man mit dem Pickel Stufen ins Eis schlägt – aber sie weigerten sich, über Lager III hinauszusteigen. Er ging allein weiter. Wilsons letzter Tagebucheintrag datiert vom 31. Mai 1934. Im folgenden Jahr wurde die Leiche von einer britischen Erkundungsexpedition entdeckt, sie wickelten sie in eine Zeltplane und versenkten sie in einer Gletscherspalte.

Nicht am Everest, aber auch im Himalaja, ist überdies die österreichische Bergsteigerlegende Hermann Buhl einer der weiteren Pioniere des Alpinstils in großen Höhen gewesen. Am 9. Juni 1957 bestieg Buhl zusammen mit drei weiteren Bergsteigern als Erster den 8 051 Meter hohen Broad Peak im Karakorum – ohne Sauerstoff, mit geringem Aufwand an Menschen und Material.

Und so stehen Habeler und Messner, als sie 1978 versuchen, den Everest erstmals komplett ohne Masken zu besteigen, zwar einer großen Anzahl von Alpinisten gegenüber, die zuletzt ganz standardmäßig mit Superstoffflaschen hinaufgestiegen sind. Aber sie können eben auch auf eine – wenn auch überschaubare – Anzahl von Vorgängern zurückblicken. Ein entscheidender Unterschied ist: Keiner hat vor ihnen je die letzten hundert Höhenmeter ohne künstlichen Sauerstoff gemacht.

Reinhold Messner begeistern die Berge schon früh. Geboren am 17. September 1944, aufgewachsen in St. Peter im malerischen Villnöß-Tal in Südtirol, ist er das zweite von neun Kindern. Seine Mutter ist die Tochter eines Ladenbesitzers, sein Vater ist im Zweiten Weltkrieg für die deutsche Armee an der russischen Front, arbeitet dann als Hilfslehrer, bis er 1957 Direktor der örtlichen Schule wird.

Der Vater bringt ihn den Bergen näher, die schon das heimische Tal mit einem viel fotografierten Dolomiten-Bilderbuchpanorama überragen. Bereits als Fünfjähriger erklettert Reinhold Messner in Begleitung den ersten Dreitausender. Nach einem Technik-Studium arbeitet er kurze Zeit als Mittelschullehrer, ehe er sich ganz dem Bergsteigen verschreibt.

Zunächst führt er Hunderte Klettertouren, meist in den Dolomiten. 1965 begeht er als Erster die direkte Ortler-Nordwand, es folgen zahlreiche weitere Gipfel und Erstbegehungen in den Alpen. Bereits Ende der Sechziger gilt Reinhold Messner als einer der besten Kletterer Europas.

Bekannt und viel diskutiert ist sein erster großer Himalaja-Aufstieg zusammen mit seinem eineinhalb Jahre jüngeren Bruder Günther 1970 am Nanga Parbat. Beide erreichen den Gipfel, doch der weniger erfahrene Günther stirbt beim Abstieg. Immer wieder hat sich Reinhold Messner öffentlich mit der Tragödie auseinandergesetzt, erklärt und gerechtfertigt. Von seiner Leidenschaft für die Berge hat sie ihn nicht abgehalten.

Peter Habeler wird am 22. Juli 1942 in Mayrhofen, im Zillertal geboren. Schon als Sechs- oder Siebenjähriger habe er, so schreibt er, die dicksten Felsbrocken in der Gegend um seinen Heimatort gesucht, um sich im Klettern zu üben. Mit Großvaters Eispickel, der ihm bis unter die Achselhöhle reichte, habe er die Gletscher des Zillertals erkundet. Und obwohl seine Familie versucht, den kleinen, wendigen Kletterer von seiner Leidenschaft abzuhalten, bilden ihn nach Abschluss der Hauptschule und Handelsschule Bergsteiger zum Profi aus. Auf Wunsch der Mutter lernt Peter Habeler noch das Handwerk des Glasmalers, legt auch dafür an einer Fachschule eine Abschlussprüfung ab – ist aber zwischendurch schon ständig auf Touren in den Bergen.

Schnelligkeit wird seine technische Spezialität. Und er erkennt, dass sie ihn oft auch vor Gefahren bewahrt. Denn wo andere Bergsteiger lange in einer Wand bleiben, in der etwa Eisschlag droht – ist der geschwinde Habeler schon lange fort. Er klettert in den Westalpen, er lernt Reinhold Messner kennen. Bei der Tiroler Anden-Expedition durchsteigt er gemeinsam mit Messner als Erster die Ostwand des zentralperuanischen Yerupaja bis zum Gipfelgrat. Er verbringt einen Winter als Skilehrer in den USA und ist der erste Europäer, der die Südwand von El Capitan durchsteigt.

Immer öfter sind Messner und Habeler in den Folgejahren ein Team. In Rekordgeschwindigkeit durchklettern sie große Wände. In nur neun Stunden durchsteigen sie 1974 die Eiger-Nordwand – wo frühere Seilschaften eine Nacht biwakiert haben. »Wir waren frech«, pointiert Habeler ihr Vorgehen später.

Aber vor allem sind sie auf einer Linie. Sie seien auf getrennten Wegen zu derselben Einsicht über den Alpinismus gekommen, so Habeler. Dazu, dass es wichtig sei, die Bergsteigerei wieder zu ihrer natürlichen Form zurückzuführen. Doch trotz der gemeinsamen Begeisterung für den Alpinstil seien sie keine Freunde im üblichen Sinne gewesen, keine »Spezln«, die alles miteinander teilten. Messner und Habelers Verhältnis ist ein rein professionelles, Privates ist kein Thema. Sie trainieren auch meist getrennt. Aber gleichzeitig, so schreibt Habeler, hätten sie sich ohne Wort verstanden. Messner sei immer der Rationale gewesen, er mehr der Emotionale, eine perfekte Kombination.

Jetzt will dieses Dream-Team mit seiner Art des Bergsteigens in eine weitere Dimension vorstoßen: Sie wollen den alpinen Kletterstil auf den Himalaja übertragen. Dank leichter und minimaler Ausrüstung sollen die Achttausender bei günstigen Wetterverhältnissen schnell erklommen – und ebenso so schnell wieder verlassen werden. Wesentliches Ziel dieser Technik ist es auch, den Aufenthalt in der Todeszone zeitlich zu minimieren.

1975 nehmen sie so den 8 080 Meter hohen Hidden Peak in Pakistan in Angriff, auch als Gasherbrum I bekannt. Bei ihrem schnellen und direkten Aufstieg durch die Nord-West-Wand erreichen sie zum ersten Mal den Gipfel eines Achttausenders im Alpinstil. Reinhold Messner schreibt darüber in *Everest:* »Wir haben erstmals bei dieser Besteigung ohne jede Vorarbeit gearbeitet, es wurden keine Hochlager aufgebaut, es wurden keine Fixseile verhängt, wir hatten keine Hochträger, wir stiegen einfach jeder mit seinem Rucksack aus dem Basislager hoch, drei Tage lang, das Zelt immer weiter nach oben schiebend, haben den Gipfel dieses Achttausenders erreicht und sind [...] wieder ins Basislager zurückgekehrt. Und dieser Stil, ›Alpen-Stil‹ genannt, hat mir nicht nur die Möglichkeiten gegeben, in Zukunft alle Expeditionen selber zu finanzieren, weil sie viel kostengünstiger waren als die teuren Himalajastil-Expeditionen, er war auch viel eleganter, er war die Zukunft [...] des Höhenbergsteigens.«

Die Zukunft ist auch: Messner, der Intellektuelle, der alpinistische Philosoph, präsentiert sich im Fokus der Medien – und Habeler tritt einen Schritt zurück. Die Heldenpose sei einfach nicht Seins gewesen, schreibt Habeler in *Der einsame Sieg*. Er wisse, beide haben quasi mit der Einschulung begonnen zu klettern, beide seien am Berg gleich stark – aber Messner, der Extrovertierte, der Denker, stehe nun einmal im Mittelpunkt.

Habeler, religiös und durchaus konservativ, blieb stets der bodenständige Zillertaler, den es nach jeder Expedition in die heimatlichen Berghütten zurück und gar nicht ins grelle Scheinwerferlicht zog. Freunde und Bekannte hätten ihn darauf angesprochen, wenn es etwa hieß, Messner habe den Broad Peak bestiegen – obwohl sie es ja im Team gewesen seien, notiert Habeler. Ob er denn keinen Ehrgeiz habe? Aber er habe es auf sich beruhen lassen, er habe gewusst, dass einer den anderen gebraucht habe. Dass sie in Wahrheit gleichstark waren.

Direkt nach dem Erfolg am Hidden Peak beschließen Messner und Habeler, dass sie gemeinsam auf den höchsten Berg der Welt wollen. Sie sitzen im Flugzeug auf dem Weg nach Hause und stoßen mit Gin Tonic an, schreibt Habeler:

»Wir prosteten uns zu und sagten wie aus einem Munde: ›Auf den Mount Everest.‹«

»Ohne Sauerstoff«, sagte ich.

»Ohne Sauerstoff«, kam Reinholds Echo. Dann lachten wir wie zwei Jungen, die einen tollen Streich ausgeheckt hatten.

Aber wie können sie eine Genehmigung für den Gipfel bekommen? Auf zehn Jahre sind die Everest-Permits, die die nepalesische Regierung vergibt, zu dem Zeitpunkt vergeben. Die einzige Möglichkeit: sich in eine genehmigte Expedition einzukaufen.

Sie haben Glück. Für 1978 hat der Österreichische Alpenverein das Permit für eine Everest-Besteigung erhalten. Deren Expeditionsleiter ist »Wolfi« Wolfgang Nairz, ein Innsbrucker Geograf, Drachenflieger und erfahrener Bergsteiger, der sich mit Expeditionen zu den Achttausendern Manaslu und Makalu zum Expeditionsleiter hochgearbeitet hat. An beiden Unternehmungen hat Messner teilgenommen – und überhaupt ist das österreichische Everest-Team von 1978 ein freundschaftlich verbundener Haufen.

Schon bald sitzen sie also wieder im Flieger nach Südasien. Und die Beschreibung ihres Weges zum Everest durch die Khumbu-Region würzt Messner in seinem Buch dann noch einmal mit einer großen Ladung Philosophie: »Warum wir auf diese Berge steigen? Wer weiß das schon. Ich möchte es auch gar nicht wissen und hänge denn doch manchmal der Theorie nach, dass dies alles vielleicht damit zu tun hat, dass wir Männer keine Kinder gebären können. Noch daheim schien es mir durchaus möglich, dass mich irgendetwas, eine bezaubernde Frau zum Beispiel, vom Vorhaben Mount Everest abbringen könnte. Jetzt ist mir diese Vorstellung fremd, jetzt gehört der Mount Everest zu meinem Leben und ich bin mir selbst der ideale Partner.«

Er reflektiert auch die spirituelle Dimension des Kletterns auf dem Berg, der den Sherpas heilig ist: »Die weiße, zerschlissene Gebetsfahne haben mir gestern die Lamas von Thyangboche als Glücksbringer überreicht, nachdem unsere Gruppe einer langen Gebetszeremonie beigewohnt hatte. Täglich, so war uns versprochen worden, wollten sie für unser Voran- und vor allem für unser Zurückkommen beten. Unterwegs habe ich diese Gebetsfahne in doppelter Windung so um den schmutzig-grünen Hut gewunden, dass er Leben bekam«, schreibt der Mann, der bis heute in der Öffentlichkeit oft mit einem tibetischen Dzi-Amulett auftritt und in den Weiden von Sulden am Ortler Yaks züchtet.

Auch Peter Habeler kann sich dem Bann der fremden Kultur am Berg nicht entziehen. Als er als Einziger im Kloster von Thyangboche keinen tibetischen Glücksschal überreicht bekommt, weil er in dem Moment abwesend ist, beschleicht ihn die Sorge, ob das ein schlechtes Omen sein könnte.

Auf dem Weg zum höchsten Gipfel werden die beiden immer wieder gefragt, warum sie ihn denn unbedingt ohne Sauerstoffgeräte versuchen wollen. Messner erläutert noch einmal genauer, worum es ihm eigentlich geht: »Vom rein Bergsteigerischen her, vom sportlichen Standpunkt, ist es nicht zu begründen. Um dies erklären zu können, musste ich immer auf die Geschichte verweisen und sagen, dass in den ersten zweihundert Jahren des Alpinismus der Berg im Vordergrund stand. Dass in dieser Zeit der Gipfel erobert und erkundet wurde, dass er die Unbekannte war, die man mit allen Mitteln, mit allen Techniken zu erreichen versuchte. Seit einigen Jahren aber und vor allem auch bei meinen Touren steht nicht mehr der Berg im Vordergrund, sondern der Mensch, der Mensch mit seinen Schwächen wie mit seinen Stärken, der Mensch, wie er sich nur im Grenzbereich erlebt, an hohen Bergen etwa oder in der Einsamkeit, in der Höhe.«

Selbsterkenntnis sei das eigentliche Ziel seiner Expeditionen: »Wenn ich sehr hoch hinaufsteige, kann ich eben sehr tief in mich hineinsehen.« Technik stünde dem im Weg: »Würde ich aber irgendwelche technischen Mittel zwischen mich und den Berg stellen, so könnte ich gewisse Erfahrungen nicht machen: Mit der Sauerstoffmaske kann ich nicht feststellen, was es heißt, in Höhen von achttausend und mehr Metern zu steigen, gegen die Weigerung des Körpers anzukämpfen und die Einsamkeit der totalen Hilflosigkeit zu ertragen.«

Aber der Bergsteiger wiederholt in seinem Buch *Everest* im Angesicht des höchsten Gipfels der Welt auch etwas, das nicht wenige Profis sich immer wieder selbst geschworen haben, und zu viele dann –

oft mit tödlichen Konsequenzen – doch nicht umsetzen: Er wolle gar nicht unbedingt auf den Berg: »Leute, denen es in erster Linie um den Erfolg, um den Gipfel geht, setzen alle Mittel, alle Tricks, alle Techniken ein, um diesen höchsten Punkt zu erreichen – auch wenn dies eigentlich unsportlich ist. Mir hingegen geht es nicht so sehr um den Gipfel. Wenn ich diesen nicht erreichen sollte (was wahrscheinlicher ist, als dass ich ihn erreichen kann), so werde ich aufgeben, umkehren in 7 000, in 8 000 Meter, auch in 8 800 Meter Meereshöhe. Auch noch knapp unter dem Gipfel. Die Erfahrungen, die ich bis dahin gemacht haben werde, sind größer, als ich sie machen könnte, wenn ich mit Sauerstoffgeräten bis zum Gipfel vorstieße. Allein schon der Anmarsch, allein schon dieses Leben hier in 5340 Meter Meereshöhe am toten Gletscher haben es gelohnt, bis hierher zu kommen und dies alles mitzumachen.«

Doch allem proklamierten Minimalismus zum Trotz: Auch Messner und Habeler sind in diesem März alles andere als allein zum Basislager unterwegs. Sie steigen ohne zusätzlichen Sauerstoff, aber sie sind Teil einer großen Expedition mit dreihundertfünfzig Trägern, hundertdreißig Sherpas und acht Tonnen Ausrüstung. Es gibt einen Expeditionsleiter, zwei Expeditionsärzte, Köche. Einer der Sherpas wird auf der Expedition an Herzschlag sterben, drei im Eisbruch verunglücken. Und im Basislager angekommen, ist es auch nicht wirklich unbequem. Messner und Habeler nächtigen getrennt, jeder hat ein Zelt für sich. Es gibt Badebottiche mit heißem Wasser, einen nicht abreißenden Strom von Feuerholz, den Sherpani aus dem Tal anliefern. Yak-Fleisch wird zum Reis gereicht. Fünf Mahlzeiten werden am Tag serviert. Habeler vertreibt sich die Zeit mit Fotografieren, hört Violinkonzerte, liest die mitgebrachte Bergliteratur und *Der Lange Marsch* von Mao.

Messner und Habeler wissen auch, dass sie auf eine gute Infrastruktur zurückgreifen können. Sie werden an den Fixseilen hinaufsteigen, die von anderen Teammitgliedern und ihnen selbst gelegt werden, über die Stufen klettern, die von Sherpas ins Eis gehackt wurden, auf Leitern im Khumbu-Eisbruch balancieren, die über Gletscherspalten verlegt sind, und in einer Reihe vorher angelegter Hochlager schlafen.

Doch trotz guter Ausrüstung und Infrastruktur, trotz seiner Erfahrung und Fähigkeiten ist Habeler nervös. Schon in der ersten Nacht im

Basislager kann er nur schlecht schlafen. Ein kräftiger Sturm geht, ein Toben und Rauschen. Orkanartige Böen heulen, der Gletscher über ihnen knirscht und knackt. Er nimmt eine Schlaftablette. Später erzählt er in einem Zeitungsinterview, dass er bereits im Basislager Valium geschluckt habe gegen seine Aufregung – ein Fehler, wie er meint.

Schon zu dieser Zeit liegt eine besondere Gefahr am Everest in der Gewohnheit, in der Routine, mit der Expeditionen jedes Jahr im Frühjahr die Südseite hinaufrollen. Eindrücklich beschreibt Messner, wie Habeler und er mit den Sherpas auf der Route durch den Eisbruch oberhalb des Basislagers Aluleitern über die Gletscherspalten verlegen, wie es bis heute gemacht wird – wenn auch nur noch von den Sherpas. Sie setzen Firnanker, drehen Eisschrauben ein, spannen Seile. »Gefährlicher habe ich noch nie gelebt.« Der unwirkliche Eisbruch mit seinen Mauern und Trümmern sei bereits zu diesem Zeitpunkt schon so häufig durchstiegen worden, dass keiner mehr genau nachdenke, notiert er. Aber was, wenn ein Sérac, ein Turm aus Gletschereis, einfach abbreche?

In den folgenden Wochen spannen Messner und Habeler oberhalb des Eisbruchs Seile, richten Hochlager ein, akklimatisieren sich in der Höhe, steigen wieder ab. Sie stellen einen Plan auf, demzufolge die Route mit Fixseilen, Leitern und Lagern so weit versehen sein muss, dass sie als Zweierteam, unterstützt nur von einer Handvoll Sherpas, einen ersten Versuch starten können.

Sie warten auf eine Gelegenheit. Am 18. und 19. April ist das Wetter schlecht, am 20. legt sich der Sturm. Jetzt wollen die beiden einen ersten Gipfelversuch wagen. Am 21. April steigen sie vom Basislager auf Lager I auf 6100 Meter Höhe auf, drei Sherpas unterstützen sie. Nur zwei Stunden benötigen sie für die Strecke, Habeler notiert in seinem Tagebuch: »Bin in sehr guter Verfassung.«

Auch der Weg in Lager II auf 6400 Meter Höhe ist entspannt, die Nacht zwar eisig, aber ruhig. Habeler erinnert sich später, dass er sich auch beim Aufstieg über die mittlerweile komplett versicherte Lhotse-Flanke nach Lager III in 7200 Metern Höhe prächtig gefühlt habe. Heißhungrig verschlingt er am Abend eine Dose Ölsardinen.

Kurz darauf wird ihm übel. Er denkt, es ist die Höhe, die ihm auf den Magen drückt, und schenkt den Beschwerden wenig Beachtung.

Doch sie werden schnell heftiger: Er schwitzt und friert gleichzeitig, muss spucken. Es ist eindeutig eine Lebensmittelvergiftung. Deprimiert rollt er sich in den Schlafsack, er weiß, dass er in diesem Zustand keine Chance auf den Gipfel hat. Zu allem Überfluss setzt am nächsten Morgen Schneefall ein.

Messner will ohne Habeler wenigstens in 8 000 Metern Höhe Lager IV errichten. Er stapft mit zwei der Sherpas los, während der österreichische Gefährte absteigt. Doch schon auf dem Aufstieg geraten sie in einen Sturm. Schlotternd sitzt der Südtiroler jetzt auf dem Südsattel fest. Der eine Sherpa verkriecht sich im Zelt, er ruft, sie werden alle umkommen. Der andere hilft beim Kochen. Der Sturm drückt die flatternden Wände des Zeltes zusammen, er zerrt und reißt am Stoff. Messner hat Angst, dass das Zelt wegfliegt und sie mit in den Abgrund reißt. Ihre Vorräte sind begrenzt. Heftige Zweifel kommen auf.

Er habe in dieser Situation an nichts mehr geglaubt, schreibt er, nicht an den Gipfelerfolg ohne Maske, nicht einmal an einen Aufstieg mit Sauerstoffflaschen. Zwischen den flatternden Zeltwänden hadert er mit sich selbst und seiner Idee von einer fairen, menschlichen Besteigung des welthöchsten Gipfels. »Vermessen« kommt sie ihm in dieser Situation vor. Er artikuliert eine der gängigen Selbsttäuschungen des Risikosports, wenn er schreibt: »Wenn ich durchkomme, will ich aufgeben, die Bergsteigerei an den Nagel hängen.« Aber: »Nur einmal noch durchkommen.«

Das Zelt hält bis zum frühen Morgen. Dann zerfetzt es der Wind, der sich zum Orkan aufgebaut hat, mit einem lauten Knall.

Messner muss mit einem der beiden Sherpas ein neues Zelt aufbauen, der andere liegt weiter apathisch auf dem eisigen Boden. Er fragt sich, ob es klug war, keinen Sauerstoff mitzunehmen, den er jetzt wenigstens seinen beiden Begleitern geben könnte. Als das zweite Zelt steht, bricht er weinend zusammen.

Er funkt mit dem Team. Es gibt eine beruhigende Nachricht: Der Orkan soll nachlassen. Er fragt die Teammitglieder, was er tun soll, wenn die Sherpas die Nerven verlieren. Sie sagen, Medikamente seien keine Lösung. Besser sei es, sie anzuschreien oder ihnen eine runterzuhauen. Messner hat Todesangst. »Eine solche Kälte habe ich nie erlebt«, schreibt er. »Beim Zeltaufbauen hatte ich nach etwa einer halben Stunde einen halben Zentimeter Eis auf dem Gesicht. Und wenn man aufrecht stand, warf es einen um.« Er legt sich auf die Matte, starrt gegen die Zeltwand, fühlt sich allein und sehnt sich nach Menschen, mit denen er »etwas gemein hat«. Immer wieder bläst der Wind den Gaskocher aus, doch er weiß, sie müssen trinken, so viel irgendwie geht, sonst werden sie die Nacht vielleicht nicht überleben.

Am nächsten Morgen reißt der Wind endlich ab, die Wolken ziehen davon. Die Sherpas laufen so schnell es geht den Berg hinab. Messner beschwert das Zelt mit alten Sauerstoffflaschen von vorherigen Expeditionen, die, wie er schreibt, den Pass verunstalten. Nach 50 Stunden in der Todeszone steigt er hinab Richtung Lager III.

Und erlebt eine jener Grenzerfahrungen, um derentwillen er ja erklärterweise das Abenteuer auf sich genommen hat: Ein Gefühl der Gleichgültigkeit überkommt ihn, als er sich hinsetzt. Nicht enttäuscht sei er gewesen, weil er es diesmal nicht geschafft hat, vielmehr habe ihn eine tiefe Müdigkeit überkommen. Er könne ja genauso Richtung Tibet absteigen, denkt er, statt in Richtung Nepal. Es wäre einerlei. »Das Gefühl der Gestörtheit, das mich seit Monaten verfolgt, ist wieder da«, schreibt er rückblickend. Seine Neugier sei versiegt gewesen zu jenem Zeitpunkt, er habe genau gewusst, dass er sich aus der Einsamkeit nur ins eigene Ich retten konnte. »Durch Aktivität, naives Selbstverständnis.« Sein Gesicht ist von der Kälte zerfetzt, er leidet an Depressionen. Als er nach zwei Tagen Abstieg den Khumbu-Eisbruch oberhalb des Basislagers erreicht, stürzt er von einer schlecht befestigten Leiterbrücke und baumelt über einer Spalte. Er kann sich retten und hat weder einen Schock, noch merkt er, dass er sich dabei einen Arm verletzt. Habeler beschreibt die Ankunft von Messner und den beiden Sherpas mit den Worten, ein »uralter bärtiger Mann« sei am 27. April ins Basislager gewankt, »gefolgt von zwei Knaben mit Greisengesichtern«.

Messner und Habeler erholen sich im Basislager. Bald steigt ihre Motivation wieder. Sie warten auf die zweite Chance. Auf das, was Messner, seinem rebellischen Ansatz zum Trotz, in dem Buch *Everest* weiter »Gipfelangriff« nennt – als wäre es ein militärisches Manöver. Doch sie sind erschöpft von der vorherigen Gipfelbesteigung, auch ist viel Material verbraucht.

Am 2. Mai steigen Messner und Habeler erneut vom Basislager auf. Sie sind in bester Verfassung, Habeler meint, dass sie erst jetzt richtig akklimatisiert sind. Sie lassen Lager I aus und erreichen Lager II. Messner nimmt ein Schlafmittel, gut schläft er dennoch nicht. Im Licht des Mondes erinnert er die beiden Nächte mit den zwei Sherpas in der Todeszone. Er weiß, niemand kann vorhersagen, wie es ist, so weit ohne künstlichen Sauerstoff hinaufzusteigen. Vielleicht ist es unmöglich, zweifelt er. Die Angst hält ihn wach.

Am 3. Mai erreicht eine andere Mannschaft aus ihrer Expedition – mit Sauerstoffflaschen – den Gipfel, unter ihnen Expeditionsleiter Wolfgang Nairz und auch ein Sherpa. Eine Stunde hocken die vier dort oben, es ist die erste österreichische Besteigung des höchsten Berges der Welt – ein Ereignis. Aber für Messner bleibt es bei aller Freude auch etwas ganz Fremdes, etwas, mit dem er und Habeler wenig zu tun haben. Denn »wir wollen den Everest ohne Sauerstoffgeräte besteigen und somit einen ganz anderen Berg machen«.

Messner spricht per Funk mit Nairz. Auf seinem Weg hinab in Lager IV habe der ihm gegenüber zugegeben, dass seine Spielerei sei, einen Achttausender mit Sauerstoffgeräten zu besteigen, so schreibt es Messner später. Man könne das eigentlich nicht als Gipfelerfolg bewerten. Sie warten, bis die Absteigenden Lager II erreicht haben. Besonders aufmerksam registrieren Messner und Habeler, was sie über ihren Einsatz von künstlichem Sauerstoff berichten. Nairz erzählt Messner, ihm sei schwindelig gewesen, als er auf dem Gipfel für wenige Minuten die Maske abgenommen habe. Der Grazer Robert Schauer, der ebenfalls auf dem Gipfel war und versucht hat, bis auf 8 000 Meter ohne Atemgerät zu steigen, sagt, unterhalb des Südgipfels habe er die Maske abgenommen und sei daraufhin bei jedem Schritt außer Atem geraten; er habe Angst gehabt zu ersticken, es sei unmöglich, den Everest ohne künstlichen Sauerstoff zu besteigen, das sei seine Erfahrung.

Messner weist Expeditionsleiter Nairz auch auf die schwindenden Kräfte der Sherpas hin. Ihr Wille, noch einmal hinaufzusteigen, scheint nach dem Gipfelanstieg der Kameraden gering. Nairz erwidert, Messner brauche die Träger doch gar nicht, weil er keine Sauerstoffflaschen trage. Der Südtiroler widerspricht, es mache natürlich einen Unterschied, ob er 20 Kilogramm schleppe oder nicht. Nairz informiert ihn, sie hätten eine Sauerstoffflasche am Südsattel gelassen. Als Messner erwidert, die wiederum benötigten sie nicht, wirft der Expeditionsleiter ihm, so schreibt Messner später, Überheblichkeit vor.

Die Einschätzung der anderen Expeditionsteilnehmer, es sei zwingend notwendig, künstlichen Sauerstoff zu verwenden, schreckt Messner nicht ab. Wohl aber Habeler. Es kommt zu einer Diskussion zwischen den beiden, die seit 15 Jahren in den Bergen ein Team sind. Messner schreibt später, er habe versucht, Habeler umzustimmen. Der Südtiroler will nicht mit dem Österreicher hochklettern, wenn der künstlichen Sauerstoff nimmt. Nach Gesprächen mit dem Basislager erklärt sich Habeler dann doch wieder entschlossen, mit Messner zu klettern. Ohne Maske.

Am 6. Mai steigen sie in Lager III auf 7200 Meter Höhe hinauf, nur vier Stunden benötigen sie für den Anstieg. Zwei Sherpas begleiten sie. Habeler notiert später, dass er ein gutes Gefühl gehabt habe. Dieser Abschnitt sei immer eine Art Prüfstein gewesen – wenn es hier klappte, standen die Chancen gut, dass sie weiter oben auch erfolgreich sein würden. Dennoch nimmt Habeler zum Schlafen auch hier oben Valium. Messner habe »sein gewohntes« Mogadon geschluckt, ein ähnliches Präparat.

Am 7. Mai geht es in aller Früh weiter auf den Südsattel. In der Anstrengung in dieser Höhe erfährt Messner, der Philosoph am Berg, das Voranschreiten als eine Vertiefung seines Selbstverständnisses, »als hätte das Leben in dieser Höhe keinen anderen Sinn als mich selbst«. Das Wetter ist gut, der Himmel wolkenlos, sie fühlen sich auch an diesem Tag fit. Mit dreieinhalb Stunden gibt Messner später die Zeit für den Weg auf den Sattel in 8000 Metern Höhe an, Habeler mit vier Stunden. Trotz dieser Geschwindigkeit, so Habeler, hätten sie aber das Gefühl gehabt, kaum voranzukommen. Sie beginnen nun, die Höhe sehr deutlich zu spüren.

Oben auf dem Südsattel kochen sie den ganzen Nachmittag lang Tee, um den Flüssigkeitsverlust auszugleichen, um das Blut zu verdünnen, so die Theorie. Messner fragt sich, ob das als Alternative zu künstlichem Sauerstoff reichen wird. Immer wieder nicken sie weg und wachen auf, weil sie nach Luft ringen.

Die Sherpas sind unterdessen längst abgestiegen. Aus dem Basislager bekommen die beiden Bergsteiger per Funk die Nachricht, dass das Wetter gut bleiben soll. Messner hat ein Minitonbandgerät dabei. Er schneidet eine Gesprächssentenz mit:

»Peter, glaubst du, dass wir morgen hinaufkommen, ganz hinauf?«

»Ich weiß es nicht. Bis Lager V, glaube ich, kommen wir aber sicher.«

Messner rechnet dem Kollegen vor: Achthundert Meter sind es bis zum Gipfel, fünfhundert Meter nur bis Lager V. Heute hätten sie in kurzer Zeit achthundert Höhenmeter geschafft, bei tiefem Schnee und erheblicher Spurarbeit. Habeler erwidert, dass alles, was nun bevorstehe, aber noch einmal sehr viel höher liege. Sei reiben die Füße aneinander, bewegen die Zehen gegen die eisige Kälte. Minus 35 Grad zeigt das Thermometer. Sie fragen sich, ob der Schneeberg, den sie am Zelt angehäuft haben, reicht für Tee und gelegentlichen Kaffee.

Immer wieder reden sie darüber, dass sie absolutes Neuland betreten, indem sie in diese Höhe ohne Atemmasken vordingen:

»Das eine sage ich dir, ehe ich blöd werde, drehe ich um«, sagt Habeler.

Messner pflichtet ihm bei: »Ich auch.«

Ganz ernsthaft diskutieren sie Gehirnschäden, Sprach- und Gleichgewichtsstörungen als Folge der extremen Höhe. Aber auch die Unausweichbarkeit des Todes, sollte hier oben, so weit von jeder Versorgung und jeder Hilfe entfernt, etwas passieren.

»Jetzt ein Bier zum Schlafen«, scherzt Habeler. Und fragt sich, ob er nach einer Nacht auf dieser Höhe am nächsten Tag noch derselbe Mensch sein wird. Messner hat Husten und Schmerzen unter den Rippen.

Sie rollen sich in dreifache Schlafsäcke und frieren. Sie kriechen möglichst dicht aneinander. Habeler bekommt in der Nacht kein Auge zu.

Am 8. Mai, kurz nach drei Uhr morgens, setzt Messner wieder Tee auf. Ab fünf Uhr beginnen sie, sich anzuziehen, ein aufwendiges Unterfangen in der Höhe und angesichts der Schichten von Kleidung. Messner trägt seidene Unterwäsche, einen weichen Unteranzug und darüber einen einteiligen Daunenanzug. Die Hände stecken in drei Paar Handschuhen, die Füße in doppelschaligen Schuhen und Gamaschen aus Neopren. Auf dem Kopf hat er zwei Mützen und eine Sturmbrille.

Als sie das Zelt öffnen, schlägt ihnen Graupel entgegen. Und schon beim Verlassen des Lagers beginnt Habeler, die Höhe schmerzhaft zu spüren. Sie tragen nur leichte Rucksäcke, kommen aber trotzdem nur langsam voran. Habeler konzentriert sich ganz auf seine Schritte den Berg hinauf.

Auf dem nahen Gipfel des Makalu im Osten schneit es. Mal können sie ihre Steigeisen in harten Schnee schlagen, aber oft wühlen sie sich durch knietiefe Wehen. Sie spuren abwechselnd. Sie führen eine stumme Diskussion darüber, ob der Weg auf den Gipfel zu schaffen ist. Habeler malt zweifelnde Pfeile nach unten in den Schnee. Messner zeichnet einen optimistischen mit Spitze nach oben.

Und sie nehmen, hier oben, immer wieder Dinge wahr, die gar nicht sind. Im Rückblick erscheinen die geradezu halluzinatorischen Begebenheiten, von denen sie berichten, auch der Angst vor den unbekannten Folgen des Sauerstoffmangels geschuldet. Kaum jemand würde heute mehr solche Beschreibungen aus der sogenannten Todeszone liefern.

So muss Habeler jetzt an den britischen Bergsteiger Mallory denken, der irgendwo in diesem Bereich im Nebel das letzte Mal gesehen wurde. Als er später die Situation erinnert, hat er das Gefühl, er habe mit Messner über diese Gedanken gesprochen. Aber gleichzeitig ist er sicher, dass sie kein Wort miteinander gewechselt haben. Nach einigen Höhenmetern meint er auch wahrzunehmen, dass seine Erschöpfung jetzt nicht mehr zunimmt, sondern dass das Gehen nun sogar etwas leichter wird, vielleicht, vermutet er im Rückblick in *Der einsame Sieg*, weil sie sich immer noch weiter akklimatisieren.

Nach vier Stunden, gegen halb zehn, erreichen sie Hochlager V auf 8500 Metern – sie benutzen es für nicht mehr, als sich dort mit frischem Tee zu stärken. Eine halbe Stunde benötigt Messner, um ihn in dem kleinen Zelt zu kochen. Schlafsäcke haben sie nicht dabei, eine gewagte Strategie, es darf jetzt nichts mehr passieren. Sie wissen auch: Bis hierhin etwa sollen die Bergsteiger Mallory und Irvine gekommen sein, auch sie ohne künstlichen Sauerstoff. Jetzt erst betreten Habeler und Messner wirklich unbekanntes Terrain.

Doch das Wetter bleibt schlecht, Wolken schieben sich aus Südwesten heran, als sie wieder aufbrechen. Sie müssen sich beeilen. Der Schnee ist tief, sie weichen auf den Südostgrat aus, sie klettern ausgesetzt und ohne Seil auf brüchigem Fels. Wieder überkommen sie Zweifel, den Gipfel noch zu erreichen. Je höher sie steigen, desto beschwerlicher wird das Klettern. Bis es eine einzige Qual wird. Alle paar Schritte stützen sie sich jetzt auf ihre Pickel, um den Oberkörper zu entlasten. Messner hat das Gefühl zu »zerspringen«. Das Bedürfnis, sich hinzulegen, um atmen zu können.

Erst am Südgipfel seilen sich die beiden an. Doch als das Ziel näher rückt, kehrt auch ihre Zuversicht zurück, obwohl das Klettern ein immer zäheres Ringen ist, immer wieder gestützt auf den Eispickel. Habeler schreibt, dass sie beide eine Art Freudenrausch überkommen sei, als sie den Hauptgipfel sahen. Messner beobachtet eine seltsame innere Wandlung an sich: Je näher er kommt, desto mehr sträubt sich gleichzeitig etwas in ihm gegen das langeersehnte Glück. Er kann nicht mehr hochschauen. Im Vorgefühl des Erfolgs will er nicht mehr wissen, wie weit es jetzt noch ist.

Ein Sturm peitscht Graupel über den Grat zum Hauptgipfel. Noch einmal überkommt Messner eine trotzige Unlust angesichts des schlechten Wetters. Mühevoll klettern sie über den Hillary-Step, selbst in den Pausen können sie sich nun nicht mehr auf den Beinen halten. Zum Ausruhen kauern sie auf den Knien im Schnee, gestützt auf den Eispickel. Sie sind jetzt auf 8880 Metern Höhe, es ist kurz nach Mittag.

Es sei auch die Seilschaft mit Habeler gewesen, die diesen Erfolg möglich gemacht hat, schreibt Messner in *Everest*. Die beiden langjährigen Berggefährten wissen, dass sie sich aufeinander verlassen können, ein Zusammenspiel, das sich in zahlreichen Expeditionen entwickelt hat. Auch Habeler betont rückblickend, sie beide hätten gewusst, dass sie sich hundertprozentig aufeinander verlassen konnten, in jeder Situation. Beim Klettern verschmolzen die beiden geradezu: »Am Berg sind wir wie ein Mann. Wir denken mit einem Kopf und sind buchstäblich unzertrennlich.« In *Der einsame Sieg* schreibt Habeler: »Das grenzt fast ans Metaphysische. Ich habe lange Unterhaltungen im Ohr, die wir während des Everest-Gipfelsturms führten, Satz für Satz, und dennoch haben wir damals so gut wie kein Wort miteinander gewechselt. Die Dialoge, an die sich Reinhold genauso erinnert wie ich, sind nicht gesprochen worden, wir haben sie gedacht.«

Zum Schluss kriechen die beiden nur noch. Zehn, fünfzehn Schritte schaffen sie an einem Stück, dann sinken sie wieder in den Schnee. Messner denkt jetzt nicht mehr, er geht nur noch, wie eine Maschine. Er weiß nicht mehr, wo er ist. Auf dem höchsten Berg der Welt? Einerlei. Es ist ihm auch egal, dass er keinen zusätzlichen Sauerstoff verwendet. Nichts hat mehr Bedeutung auf den letzten Metern zum Gipfel. Es ist ein heftiger körperlicher Kampf, aber der Held ist taub für jede Empfindung. Noch einmal beschreibt er in seinem Buch die Empfindungen, die er an diesem Punkt hat. Das, worum es ihm ja eigentlich ging. Sein Verstand sei leer gewesen, während der höchste Flecken der Erde ihn anzog wie ein Magnet: »Meine Seele aber ist durchlässiger, empfindsamer, sie ist jetzt groß und greifbar. Sie will noch ganz hinauf, um ins Gleichgewicht zurückzuschwingen. Ich bin nun Richtung, Kraft und Gipfel.«

Es ist kurz nach 13 Uhr. Messner setzt sich neben den Tripol, ein kleines Gestängegerüst, das eine chinesische Expedition 1975 oben gelassen hat. Er lässt die Füße über den Abgrund baumeln. Er filmt Peter Habeler, der nach ihm aufsteigt, unvorsichtigerweise nimmt er dabei die Schneebrille ab. Habeler fällt auf, dass seine Augen entzündet wirken.

Messners Bewusstsein kehrt zurück, aber er weiß immer noch nicht genau, wo er ist. Als Habeler den Gipfel erreicht, fallen sie sich in die Arme. Sie brechen in Tränen aus. Kippen, überwältigt von den eigenen Gefühlen, in den Schnee.

»Wir liegen nebeneinander auf dem Gipfel, wie zwei, die im selben Augenblick sich selbst vergaßen«, erinnert sich Messner später.

»Wir umarmten uns, stammelten und heulten und lachten zugleich«, beschrieb Habeler im Interview mit *Alpin* die Szene: »Endlich war ich oben, endlich musste ich nicht mehr weiterklettern. Habeler überkommt nun das Gefühl, der Berg müsse vielleicht gar nicht der bedrohliche Gipfel sein, als den er ihn immer gesehen habe. Sondern eine Art Freund, wenn man ihn nur richtig verstehe. Er registriert bei sich eine positive, kameradschaftliche Empfindung gegenüber dem Everest. Und gleichzeitig: dass ihm das klare, logische Denken irgendwie abhandenkommt.

Und was empfindet Messner nun, nachdem er erreicht hat, wovon er sagte, dass es darum eigentlich gar nicht ging? Der Bergsteiger, der beteuerte, Selbsterfahrung wäre das eigentliche Ziel gewesen? Der Philosoph, der Intellektuelle am Berg? Eine Art »Allgefühl« sei es gewesen, nicht ein Gefühl des Triumphs über alle anderen, die »nur« mit Sauerstoff oben gewesen sind. Also kein »Allmachtgefühl«.

Jedenfalls sind Messners Emotionen übermächtig. Wieder holt er sein Minitonbandgerät heraus, will sprechen, doch sein eigenes Schluchzen schüttelt ihn. Gleichwohl habe ihn die tiefe psychische Erschütterung in ein neues Gleichgewicht gebracht: »Alles, was ist, was ich bin, ist getragen vom Wissen, dass ich den Endpunkt erreicht habe. Der Gipfel – wenigstens zeitweilig – als naive, intuitive Antwort auf die Seinsfrage.«

Habeler wird derweil durch einen Krampf in der rechten Hand auf den Boden der Tatsachen zurückgebracht. Er hat Angst, einen Gehirnschlag zu erleiden. »Jetzt beginnt der Sauerstoffmangel sein Zerstörungswerk«, denkt er. Er fragt sich auch: »Wie kommen wir über den Hillary-Step runter, an dem wir uns nicht sichern konnten?«, so erzählt er es später im Zeitungsinterview: »Wird das Wetter halten? Es war ja auch sehr nebelig und windig. Ich hatte Angst, dass der Wind unsere Spuren zuwehen könnte, ich vom Weg abkomme und abstürze.« Der Österreicher steigt ab, ohne Seil.

Messner zwingt sich, erst nachdem einige weitere Zeit vergangen ist, aufzustehen. Der Abstieg ist nicht Teil seines Plans gewesen, stellt er fest, er hat sich immer nur mit dem Aufstieg beschäftigt. Jetzt hat er Zeit, gelegentlich nachzudenken, anders als beim Weg hinauf. Und er findet, überraschend, dass dies ein trauriger Tag für ihn sei, der Berg eine zerstörte Illusion. Einmal denkt er, dass er sterben möchte.

Er sieht eine Rutschbahn von Habeler, der Bergsteiger ist nicht nur ein schneller Aufsteiger, sondern auch ein Rekordabsteiger. Zweimal hat sich der Österreicher kurzerhand auf den Hosenboden gesetzt, den Pickel als Steuer, und ist ein paar Hundert Höhenmeter hinabgesaust, um möglichst schnell aus der Todeszone zu kommen. »Ich verlor den Eispickel und verdrehte mir den rechten Knöchel, aber das war alles«, sagte er Jahre später im Interview mit *Alpin*: »Im Zillertal war ich oft so abgefahren, ich wusste genau, was ich tat.«

In Camp IV trifft Messner auf Habeler. Erst jetzt überkommt den Südtiroler der triumphale Gedanke: Sie haben es geschafft. Habeler erzählt, dass er ab dem Hillary-Step nicht mehr er selbst gewesen sei. Erst jetzt sind sie offensichtlich wirklich »high« von ihrem Erlebnis – und von ihrem Erfolg.

Aber Messner kann auch kaum mehr sehen. Er ist schneeblind, die Augen rot entzündet. Beim weiteren Abstieg stolpert er hinter Habeler her. Wie zwei Kriegsversehrte erreichen die beiden am 10. Mai das Basislager. Sie tauschen Gipfelgeschichten aus, sie fachsimpeln, ob der legendäre österreichische Alpinist Hermann Buhl denselben Anstieg ohne künstlichen Sauerstoff geschafft hätte. Messner berichtet, dass die bereits amputierten Teile seiner Füße schmerzen. Und noch bevor sie Kathmandu erreichen, kursieren die ersten Anschuldigungen, sie seien gar nicht am Gipfel gewesen oder hätten unterwegs Sauerstoffmasken benutzt. Aber sie können die Behauptungen mit Fotos und anderen Beweisen leicht widerlegen.

Peter Habeler sagt rückblickend, die euphorischen Gefühle, die einen Bergsteiger am Gipfel überkommen, seien wohl die größte Gefahr gewesen. Noch nie sei er dem Tod so nah gewesen. Viele Männer seien Opfer dieser Hochstimmung geworden. Sie hätten sich gedacht, man könne dort oben sitzen bleiben, es sei schön, der Gipfel eigentlich wohl doch ein Gefährte. Und dann sei ihr Leben erloschen »wie die Flamme einer Kerze«. Er würde dieses Risiko nicht wieder eingehen. Tatsächlich bleibt er jahrelang den höchsten Bergen fern.

Ganz anders Reinhold Messner. Zwar fällt er in ein tiefes Loch. Das Vakuum, das sich schon direkt nach dem Gipfel abzeichnet, wird noch größer. Manchmal wacht er nachts auf und spürt die Leere. Hinzu kommen Zivilisationsängste, weil er bald nach Europa zurückkehren wird.

Aber was tut er? Er füllt das Loch. Noch im Basislager diskutiert er, den Nanga Parbat im Westhimalaja im Alleingang zu besteigen. Kurz darauf plant er, es erneut am Everest zu versuchen, ohne Sauerstoff und ebenfalls im Alleingang. Er will noch einen draufsetzen. »Das war die logische nächste Herausforderung«, erklärt er in einem Interview mit *Bergwelten*: »Gleich in Kathmandu hab ich bei der Regierung für eine Erlaubnis angefragt, eine Woche, nachdem wir am Gipfel gewesen waren.« Rund zwei Jahre später, am 20. August 1980, erreicht er den höchsten Punkt erneut solo und ohne künstlichen Sauerstoff.

Die Everest-Besteigung Messners und Habelers war auch ein grandioser medialer Erfolg. Aber der öffentliche Rummel ging an den beiden ungleichen Gefährten nicht spurlos vorüber. Habeler schreibt in *Der einsame Sieg* ein paar Absätze über den Charakter Messners, die in einem gewissen Gegensatz zu dem Lob stehen, den er vielfach über sie beide als Team verliert. Messner habe sich verändert seit der Expedition von 1970, bei der er seinen Bruder am Nanga Parbat verlor. Auch dass er sich nach der Manaslu-Expedition im Folgejahr, bei der zwei Expeditionsmitglieder gestorben waren, Schuldzuweisungen anhören musste, habe etwas mit ihm gemacht. Vielleicht habe es ihn verbittert. Messner habe dabei erfahren, wie mächtig die Medien seien. Er sei aber auch ein wirklicher PR-Profi bei der Vermarktung seiner eigenen Person. Ihn selbst, Habeler, habe das nie gestört. Messner bleibe aber für ihn voller Rätsel. Eines davon sei, dass sie beide stets miteinander harmonisierten. Den Grund für ihren gemeinsamen Erfolg verstehe er nicht.

Es ist bekannt, dass Messner mit derartigen Beschreibungen Habelers nicht glücklich war. Er soll den Österreicher gar zum Opfer von dessen Ghostwriter erklärt haben, der ihn medienwirksam als stets im Schatten Messners stehend verkauft habe. Berichten zufolge war es der Leiter der Expedition von 1978, Wolfgang Nairz, der den Streit schließlich schlichtete. Jedenfalls war er nicht von Dauer. Bald wurde vielmehr hart daran gearbeitet, den Zwist unter der Oberfläche zu halten.

Heute wollen weder Messner noch Habeler etwas davon wissen. Auch in dieser Hinsicht sind sie lange ein Team von Profis.

9 Die Extremisten

Was blieb jetzt? Welche Möglichkeiten gab es nach Messner und Habeler noch, am Everest Rekorde aufzustellen? Schon seit seiner Erstbesteigung durch Norgay und Hillary ist der Gipfel als solcher nicht mehr die Herausforderung. Neue Voraussetzungen rückten in den Mittelpunkt. Und neue Routen. Messner und Habeler sind Teil, aber auch Katalysator dieser weiteren Entwicklung am Everest.

Um eine neue Route geht es bereits 1960. Am 25. Mai dieses Jahres ist eine chinesische Expedition der drei Bergsteiger Wang Fuzhou, Qu Yinhua und Konbu erstmals den Gipfel über den Nordgrat hinaufgestiegen. Sie erreichen ihn im Dunkeln und können keine Fotos machen. Der Erfolg wird deshalb zunächst angezweifelt – schließlich aber doch anerkannt. Am 22. Mai 1963 gelingt den Amerikanern Willi Unsoeld und Tom Hornbein die erste Überschreitung des Everest, auch das eine neue Routenvariante am Berg. Sie steigen am Westgrat auf und nehmen auf dem Abstieg die Route von Hillary und Norgay. Als erste Frau steht die nur 1,52 Meter große Japanerin Junko Tabei am 16. Mai 1975 auf dem höchsten Punkt der Erde. Vielleicht seien Frauen nicht so stark wie Männer, sagt sie hinterher, »aber wir können den Berg ja auch langsam erklimmen«.

Der nächste spektakuläre Rekord am Everest ist – nach Messners und Habelers Erfolg ohne künstlichen Sauerstoff – die erste Winterbesteigung des Berges durch die beiden Polen Krzysztof Wielicki und Leszek Cichy. Tagelang müssen sie bei minus 40 Grad und orkanartigen Stürmen auf halbwegs günstige Bedingungen für den Aufstieg warten. Als sie am 17. Februar 1980 auf dem Gipfel stehen, funken sie hinab: »Wäre es nicht um den Everest gegangen, hätten wir aufgegeben.«

Nach Messners Alleingang ohne Sauerstoff auf den Gipfel im August 1980 und einer Katastrophe von 1996, bei der acht Menschen am

Everest sterben, ist der beinamputierte Amerikaner Tom Whittacker der nächste, der weltweit Schlagzeilen am Berg macht. Am 27. Mai 1998 steht er oben. Whittacker, der sich auf ein speziell konstruiertes rechtes Beins stützt, ein sogenanntes flex foot, an den ein Steigeisen geschnallt ist, ist gleichzeitig Führer einer eigenen Expedition.

Nun werden die Rekorde endgültig bizarrer, komplexer – und auch umstrittener. 1999 bleibt Babu Chiri Sherpa 21 Stunden ohne künstlichen Sauerstoff auf dem Gipfel. Um sich wachzuhalten, singt er die nepalesische Nationalhymne. Im Jahr 2000 ist der 38 Jahre alte Slowene Davo Karničar der erste Mensch, der auf Skiern die gesamte Strecke vom Gipfel bis zum Basislager abfährt, über felsige Passagen und Gletscherspalten hinweg – vier Stunden und vierzig Minuten braucht er dafür. 2001 legt Stefan Gatt aus Österreich dieselbe Strecke auf dem Snowboard zurück. Im selben Jahr segelt das französische Ehepaar Bertrand und Claire Bernier Roche mit einem Tandem-Paraglider vom Gipfel hinab. Der erste Blinde auf dem Gipfel ist der US-Amerikaner Erik Weihenmayer. Am 25. Mai 2001 steht er auf der Bergspitze, orientiert hat er sich an Glöckchen, die in den Taschen seiner Teamkollegen bimmelten.

Für körperlich nicht eingeschränkte Alpinisten wird der Everest unterdessen quasi degradiert – zu nicht mehr als nur noch einem Bestandteil eines Gipfelkombinationsprogramms. Der höchste Berg der Welt allein reicht nicht mehr aus, alle jeweils höchsten Berge der sieben Kontinente müssen es nun sein: die Seven Summits. Welche diese sieben Berge sind, hängt allerdings von der Definition, insbesondere der Grenzen einzelner Kontinente ab. So ist die Ostgrenze Europas geographisch diskutabel – und damit die Frage, ob der 5 642 Meter hohe Elbrus im Kaukasus noch dazu gehört oder der Mont Blanc mit 4 810 Metern Europas höchster Punkt ist. Noch komplizierter ist es in Australien, wo je nach Definition vor allem der 3724 Meter hohe Aoraki auf Neuseeland oder aber der – geographisch durchaus zum australischen Kontinent gehörenden – Puncak Jaya in Neuguinea mit 4 884 Metern Höhe infrage kommen.

Der Erste, der die Seven Summits absolviert, ist jedenfalls Dick Bass, ein US-amerikanischer Unternehmer und Bergsteiger, mit dem Mount Everest als Abschluss am 30. April 1985 – und zwar die nach seiner Definition höchsten Berge: neben dem Everest, dem südamerikanischen Aconcagua, dem nordamerikanischen Denali, dem afrikanischen Kibo (bekannter als »Kilimandscharo«), dem antarktischen Mount Vinson und dem Elbrus, den mit 2 228 Metern Höhe reichlich mäßigen Mount Kosciuszko, den höchsten Berg auf dem Festland des australischen Kontinents.

Für andere Alpinisten geht es unterdessen schon lange weder darum, *ob* noch *wie* – sondern *wie oft* sie auf dem Mount Everest gestanden haben. Zuletzt hielt Kami Rita Sherpa den Rekord, unfassbare 25-mal auf dem Gipfel kann er vorweisen. Bis 2011 hatten noch Apa Sherpa und Phurba Tashi Sherpa mit 21-mal die Nase vorn. Diese Zahlen sagen auch etwas über den Einsatz der Sherpas am Berg aus – und darüber, wie aus einstigen Lastenträgern zusehends weltbekannte Bergsteiger werden.

Die Frau, die am häufigsten oben stand, stammt ebenfalls aus der Region: Lhakpa Sherpa mit neun Aufstiegen. Den Rekord von zehn Aufstiegen ohne zusätzlichen Sauerstoff hält unterdessen Ang Rita Sherpa, ein für seine Kraft und sein Geschick fast schon legendärer Bergführer, der 2020 gestorben ist. Er war auch der erste Mensch, der 1987 den Gipfel im Winter ohne zusätzlichen Sauerstoff erreichte. Die beiden Ausländer – also weder Nepali noch Tibeter –, die die meisten Aufstiege für sich verbuchen können, sind der US-amerikanische Alpinist Dave Hahn und der Brite Kenton Cool, die beide 15-mal auf dem Berg standen.

Auch in Sachen Geschwindigkeit herrscht ein intensiver Wettkampf: Den bisher raschesten Aufstieg vom Basislager auf der nepalesischen Seite mit zusätzlichem Sauerstoff legte Lhakpa Gelu Sherpa am 26. Mai 2003 hin. Nur zehn Stunden und 56 Minuten benötigte er für die Strecke. Der Südtiroler Hans Kammerlander kann immerhin den schnellsten Aufstieg ohne zusätzlichen Sauerstoff sowie den schnellsten Aufstieg vom Basislager auf der Nordseite vorweisen – 16 Stunden und 45 Minuten war er dafür unterwegs.

Doch je länger die Besteigungsgeschichte, desto bizarrer werden viele Rekorde. Manche Herausforderungen, denen sich Alpinisten gestellt haben, wirken komplett konstruiert. So kann etwa die Inderin Anshu Jamsenpa den ersten Doppelaufstieg einer Frau auf den

Mount-Everest-Gipfel innerhalb von fünf Tagen für sich verbuchen. Wie wahrscheinlich ist es, dass eine Konkurrentin ihr in genau dieser Disziplin den Rang abläuft?

Aus sportethischer Sicht mehr als heikel erscheinen die Altersrekorde am höchsten Berg der Welt. Der älteste Mensch auf dem Everest war Yuichiro Miura. Der japanische Alpinist, der zwei Operationen wegen Herzrhythmusstörungen hinter sich hat, erklimmt im Mai 2013 im Alter von 80 Jahren den Gipfel. Allerdings schafft er es nicht allein, wieder hinabzusteigen – er wird aus dem vorgeschobenen Basislager auf 6 500 Metern Höhe ausgeflogen und muss sich die Frage gefallen lassen, ob das wirklich ein kompletter Gipfelerfolg war. Miura hätte damit nicht nur seinen eigenen, zehn Jahre alten Rekord als ältester Mensch auf dem Berg gebrochen – er war auch keineswegs das erste Mal an dem Berg. So war er bereits am 6. Mai 1970 der Erste, der auf dem Mount Everest Ski fuhr. Mehr als drei Millionen Dollar hatte er in das Projekt investiert. Nach einem zweimonatigen Aufstieg machte er vom Südsattel eine mehr als viertausend Meter tiefe Abfahrt. Er erreichte 160 Stundenkilometer, bevor der Fallschirm ihn bremste. Doch beim Aufprall auf einen Felsen verlor er die Kontrolle, rutschte zweihundert Meter einen Eishang hinab und blieb kurz vor einer Gletscherspalte liegen. Er trug schwerste Verletzungen davon, sechs Sherpas kamen bei dem Unternehmen ums Leben. Dennoch wurde ein Streifen mit dem Titel *The Man Who Skied Down Everest* gedreht. 1976 gewann er einen Oskar für den besten Dokumentarfilm.

Der jüngste Mensch, der den welthöchsten Berg besteigt, ist am 22. Mai 2010 der amerikanische Bergsteiger Jordan Romero, zu dem Zeitpunkt 13 Jahre alt. Er wird von seinem Vater, seiner Stiefmutter und drei Sherpas begleitet. Das Team klettert von der tibetischen Seite aus. Vor dem Aufstieg hat der Junge bereits fünf der Seven Summits bestiegen. Vor dem Aufstieg hagelte es auch massiv Kritik. David Hillebrandt, medizinischer Berater des British Mountaineering Council, zweifelte im *Guardian* die Reife des Jungen an: »Es ist völlig gegen den Geist des wahren Bergsteigens. Es klingt so, als ob es um Massenmarketing und Geld geht, es grenzt an Kindesmissbrauch. Heutzutage werden die Menschen faktisch mit Fixseilen, die Sherpas für sie angelegt haben, auf die Berge hinaufbefördert. Alles wird für ihn [Romero] erledigt. Er ist nichts als ein Mitreisender.«

Das jüngste Mädchen auf dem Everest ist am 25. Mai 2014 die Inderin Malavath Purna mit 13 Jahren und 11 Monaten. Die Bergsteigerin wurde nicht nur weit entfernt von jedem nennenswerten Gebirge geboren – im Dorf Pakala im indischen Bundesstaat Telangana. Auch ihre alpine Vorerfahrung ist mit Wanderungen im nordindischen Ladakh und in der Darjeeling-Region nicht gerade besonders groß. Nach dem Everest-Erfolg sammelt sie dafür umso mehr internationale Expertise. 2017 besteigt sie den Elbrus, entfaltet eine 15 Meter lange indische Fahne und stimmt die indische Nationalhymne an.

Der Profi-Bergsteiger Jost Kobusch aus Bielefeld kann sein durchaus seriöses alpinistisches Ziel, als Erster allein und ohne zusätzlichen Sauerstoff den Everest im Winter zu besteigen, im Winter 2019/2020 nicht verwirklichen. Mehrere Versuche, über den Westgrat zum Gipfel aufzusteigen, scheitern. Aber trotz einer Fußverletzung erreicht der Extrembergsteiger immerhin eine Höhe von 7350 Metern.

Anfang 2020 meldet der zu diesem Zeitpunkt 27-Jährige aus Bielefeld, dass er es nicht geschafft habe. Die Route sei schwerer gewesen als gedacht, teilweise sei sie plötzlich kollabiert. Auch die Winde seien heftig gewesen, sein Zelt habe Schaden genommen. Der Weg hinab sei ebenfalls »nicht ohne« gewesen, schreibt Kobusch bei Facebook. Er habe bewusst zwei Lawinen ausgelöst, »um den Abstieg zu ›räumen‹«. Aber Kobusch gibt nicht auf. Im Winter 2021/2022 versucht er erneut, den Everest solo zu erklimmen – und scheitert zum zweiten Mal..

Für welche Rekorde lässt sich der Berg wohl noch einsetzen? Natürlich: als Veranstaltungsort! Die Hochzeit zwischen der 24-jährigen Moni Mulepati und dem 23-jährigen Pem Dorjee aus Nepal, die sich am 30. Mai 2005 dort oben ihr Ja-Wort geben, ist eine ausgesprochen kurze Zeremonie, ohne Prozession, Champagner oder Musik – dafür aber mit jeder Menge Schnee und Eis und einem atemberaubenden Panorama. Nur zehn Minuten verweilt das Paar auf dem Gipfel. Rasch nehmen sie die Sauerstoffmasken ab und legen sich Plastikgirlanden um, während der Bräutigam der Braut, wie es die Tradition will, rotes Pulver auf die Stirn tupft. Die Teammitglieder schießen Fotos. Mit 45 anderen Kletterern haben die beiden den Gipfel erklommen, Freunden und Verwandten nichts von ihren Plänen erzählt, im Anschluss wollen sie in Kathmandu noch eine formellere Hochzeit abhalten. Ein russischer MI-17-Hubschrauber legt eine Bruchlandung im Basislager hin, als er versucht, die beiden frisch Vermählten einzusammeln, ernsthaft verletzt wird aber niemand. Familienmitglieder zeigen sich gegenüber den Medien von der welthöchsten Trauung überrascht: »Wir wussten nur, dass sie den Everest besteigen würden, und nichts über die Hochzeitspläne. Aber es ist gut für uns«, sagt Mohan Mulepati, der Vater der Braut.

Und für den Everest? Jedenfalls zeigt es, dass der Berg der Berge vor allem zu einer Kulisse verkommen ist.

10 Die Millionäre

Auf eine der größten Katastrophen am Everest folgte der größte Hype um den Everest. Das Unglück ist offenbar ein wesentlicher Bestandteil der Begeisterung. Genauso ist es 1996 zu oft Everest geschehen.

Verstörende Berichte gingen in jener Frühjahrssaison um die Welt. Finstere Bilder gruben sich in das Gedächtnis vieler mehr oder weniger bergaffiner Menschen ein. Acht Kletterer starben, als sie am Gipfel in einen Orkan gerieten, zahlreiche weitere wurden verletzt. Fast komplett blind rettete sich ein Expeditionsteilnehmer vom Berg, ein Hubschrauber flog ihn vom Basislager aus. Er verlor die rechte Hand, die Hälfte seines rechten Unterarms und alle Finger an seiner linken Hand. Ein Teamleiter telefonierte noch halbtot, nah am Gipfel hockend, per Satellitentelefon mit seiner hochschwangeren Frau in Neuseeland, dann verstummte er endgültig.

Was in jenem Jahr am Everest passierte, hat einen regelrechten globalen Medienrausch nach sich gezogen. Zeitungen und Onlinemedien berichteten weltweit über die Katastrophe, Experten breiteten sich in Hintergrundberichten und Interviews über das Geschehen aus, Bildstrecken und Dokumentationen beleuchteten die Katastrophe. Bald folgten Dutzende von Büchern, geschrieben von Beteiligten wie von Außenstehenden, dann Dokumentationsstreifen und aufwändige Spielfilme.

Die Ereignisse im Mai 1996 haben einen neuerlichen Boom am Berg ausgelöst, eine weitere Stufe der Rakete Wahnsinn gezündet, die seit Jahrzehnten mit immer mehr Passagieren an Bord zum Gipfel steuerte. Und das trotz der hohen Zahl der Todesopfer und der Verletzten. Oder genau deswegen?

Sicher ist heute: Das so gehypte Ereignis war in Wahrheit überhaupt keine Überraschung. Zahlreiche Beobachter hatten lange davor gewarnt. Seit den Achtzigern war es immer leichter geworden, den Everest zu besteigen, viele ungeübte Menschen, die das nötige Kleingeld oder den entsprechenden Ehrgeiz hatten, gewannen den Eindruck, es sei ein Leichtes, sich den Gipfel quasi zu kaufen. Im Laufe der 90er wurden kommerzielle Expeditionen auf den höchsten Berg der Welt immer beliebter – und immer größer. Deshalb war das wirklich Einzigartige an dieser Katastrophe, dass die Beteiligten und die Opfer jetzt nicht mehr allein ausgemachte Alpinisten waren. Für die Medien machte es die Tatsache, dass in jener Frühjahrssaison so viele Laien am Berg unterwegs waren, überdies noch einmal erfolgversprechender, darüber zu berichten. Die Identifikation mit den Protagonisten war für Leser und Zuschauer leichter geworden.

Denn was da 1996 auf den höchsten Punkt unseres Planeten stürmte, war unzweifelhaft eine höchst illustre Mischung aus Alpinisten, Bergbegeisterten und Outdoorfreaks einerseits – und aus Reichen und Erfolgreichen mit einem entsprechenden Geltungsbedürfnis andererseits. Mit Erstaunen las das Publikum damals, was heute Standard am Berg ist: Schon das Basislager habe mehr Komfort als die meisten Hotels in Kathmandu – elektrisches Licht und Teppiche, HiFi-Anlagen, eine Bibliothek. Natürlich auch eine Dusche. Hightech wie Satellitentelefone, Faxgeräte und Computer wurde nicht nur eingesetzt, um etwa die unerlässlichen Wetterdaten zu empfangen, sondern auch für private Kontakte. Und um die Medien auf dem Laufenden zu halten.

Berühmt werden vor allem die Eskapaden der 41-jährigen Millionärin Sandy Hill Pittman aus New York, die eine Espressomaschine mitführt und sich die aktuelle Ausgabe von *Vogue, Vanity Fair, People* und *Allure* hinterhertragen lässt. Und die weiter oben, vielen Berichten zufolge, von einem Sherpa in ihrer Crew den Berg an steilen Passagen mehr hinaufgehievt wird, als dass sie selber klettert – »so wie ein Pferd den Pflug hinter sich herzieht«, schreibt Autor Jon Krakauer später. Der *Spiegel* zitiert den österreichischen Kameramann Robert Schauer, der in dem Jahr am Berg war, um den IMAX-Film *Everest-Gipfel ohne Gnade* zu drehen, mit den Worten, er habe sein Lager lieber mit deutlich Abstand von dieser Gesellschaft aufgeschlagen, »weg von dem lauten Stromgenerator und dem Narrenschiff, das hier gestrandet war«.

Richtiggehend legendär werden nach der Katastrophe die Teamleiter der beiden Expeditionen Adventure Consultant und Mountain Madness, Scott Fisher und Rob Hall. Der knorrige Neuseeländer Hall, Chef von Adventure Consultant, gilt als erfahren und kompetent – und fast schon berüchtigt für sein notorisches Understatement. Er ist ein Mann, den die Kunden ebenso wie die Sherpas schätzten. Seine Frau, die er in einem Krankenhaus in Khumbu kennengelernt hatte, ist hochschwanger mit einem gemeinsamen Kind, während er den Berg hinaufsteigt. Mit dem Satellitentelefon hält er Kontakt.

Hall hat seinen Kunden in Anzeigen »hundertprozentigen Erfolg« versprochen, und die Berichte aus dem Basislager beschreiben ihn als Perfektionisten, der nichts dem Zufall überlässt. Stundenlang soll er Computerausdrucke checken, auf denen haarklein die Menüs und Medikamente, der Zustand der Funksprechgeräte und sogar die Schärfe der Steigeisenzacken registriert sind.

Zu Halls Bergführer-Team gehören der australische Profi Michael Groom und der neuseeländische Bergführer Andy Harris. Acht Sherpas hat Hall für die höheren Lagen als sogenannte Climbing-Sherpas angeheuert, alle stammten aus Nepal. Darunter Ang Dorje Sherpa, der bis heute 20-mal oben stand. Eine Schar zusätzlicher einheimischer Honorarkräfte ist weiter unten für die Expedition im Einsatz.

Unter Halls Kunden befinden sich mit Doug Hansen und Lous Kasischke aus den USA sowie Yasuko Namba aus Japan drei durchaus erfahrene Bergsteiger. Außerdem sind Frank Fischbeck aus Hongkong, Stuart Hutchinson aus Kanada und Beck Weathers, ein US-amerikanischer Pathologe, mit von der Partie.

Mitgereist in dem neuseeländischen Team ist auch Jon Krakauer. Der US-amerikanische Journalist ist zwar ein geübter Alpinist, aber ohne jegliche Expertise im Höhenbergsteigen. Im Auftrag des *Outside Magazine* soll er einen Bericht über die Expedition schreiben – und über die steigende Anzahl von kommerziellen Besteigungen des Everest.

Als hätte das Schicksal es darauf angelegt, schnittige Charaktere für ein Drama zusammenzustellen, wirkt Scott Fischer, der Chef des US-amerikanischen Expedition von Mountain Madness, wie ein Gegenpol zu Rob Hall. Fischer hat einiges von einem ausgemachten Freak. Er ist ein Mann wie ein Hollywoodstar, ein Draufgänger, glaubt man den Berichten. Schlaksig, braun gebrannt, ein kantiges Gesicht. Ein bekennender Kiffer, so ist es überliefert, fester Überzeugung, der Hanf bewahre ihn vor der Höhenkrankheit. Fischer steht unter Druck, es ist seine erste kommerzielle Expedition.

Fischers Bergführer-Kollegen im Team von Mountain Madness sind der US-Amerikaner Neal Beidleman sowie der Kasache Anatoli Bukrejew. Scott Fischer hat acht nepalesische Sherpas als Climbing-Sherpas angeworben, von der üblichen Schar weiterer Bediensteter abgesehen. Darunter ist etwa Lopsang Jangbu Sherpa, der bis dahin viermal ohne zusätzlichen Sauerstoff den höchsten Gipfel erreicht hat.

Was ihre Erfahrung betrifft, sind die Kunden von Mountain Madness besser aufgestellt als die der neuseeländischen Konkurrenz. So hat Charlotte Fox aus den USA bereits 54 Gipfel über 4200 Meter in Colorado sowie zwei Achttausender bestiegen. Pittman hat bereits sechs der Seven Summits erklommen. Die Dänin Lene Gammelgaard gilt als erfahrene Bergsteigerin – und ist überdies eine enge Freundin von Fischer. Martin Adams aus den USA hat bereits immerhin auf dem Aconcagua, dem Denali und dem Kibo gestanden – auf drei der Seven Summits. Auch Tim Madsen aus den USA gilt als erfahrener Bergsteiger, jedoch ohne Erfahrung an Achttausendern. Außerdem klettert der US-Amerikaner Klev Schoening mit im Team von Mountain Madness.

Auch zahlreiche weitere Expeditionen sind im Frühjahr 1996 am Berg, insgesamt zehn Teams, fünf davon kommerzielle Unternehmen. Von der Südseite machen sich eine kleine taiwanesische Expedition sowie die US-amerikanische Alpine Ascents International auf den Weg zum Gipfel. Weitere Expeditionen, unter anderem eine der Indo-Tibetan Border Police, versuchen den Berg von der Nordseite zu besteigen.

Im Fokus stehen schon vor der Katastrophe die beiden Teams aus Neuseeland und den USA, die Expeditionen von Mountain Madness und Adventure Consultants, geleitet von zwei begeisterten Bergführern, die Mannschaften zusammenstellen, die einerseits aus versierten Alpinisten bestehen – anderseits aus gut zahlenden Klienten, die wenig Ahnung vom Berg haben. Die Katastrophe ist absehbar. Die Organisatoren sind gewarnt worden.

Etwa von dem Bergsteiger Ekke Gundelach, der bei einer vorherigen Expedition mit Rob Hall bereits auf dem Gipfel gestanden hat. In einem Interview mit der *Süddeutschen Zeitung* erzählt er von einem norwegischen Kunden in jener Saison. Noch im Khumbu-Eisbruch oberhalb des Basislagers habe der Mann mangels alpiner Erfahrung Klettern gelernt. Beim Abstieg sei er dann gestolpert, aber glücklich ins Seil gefallen. Er habe Hall darauf angesprochen, so Gundelach – und der Expeditionsleiter habe mit nachdenklichem Schweigen reagiert. Aber geändert habe sich grundsätzlich nichts.

1996 brechen wieder zahlreiche Ungeübte zum Gipfel auf. Am 10. Mai, kurz nach Mitternacht, beginnen 33 Teilnehmer den Aufstieg Richtung Südsattel. Neben den Bergführern und Sherpas von Mountain Madness und Adventure Consultants ist auch die von der taiwanesischen Regierung gesponserte Expedition dabei. Scott und Hall haben eine Anweisung für ihre Teilnehmer herausgegeben, möglichst lange zusammenzubleiben.

Doch schon bald gerät der Aufstieg ins Stocken. Oberhalb des Balkons, einer kleinen Schneeschulter auf 8500 Metern Höhe, ist die Strecke nicht gesichert, ein Umstand, der später für viele Diskussionen sorgt – aber nie geklärt wird. Erst jetzt steigen die Climbing-Sherpas und Bergführer vor und verlegen die Fixseile. Fast eine Stunde vergeht, bevor die Expeditionen sich wieder in Bewegung setzen. Doch ein paar Hundert Höhenmeter weiter wieder dasselbe: Auch am Hillary-Step fehlen die Fixseile. Erneut müssen die eng miteinander kletternden Gipfelaspiranten eine Stunde ausharren, während die Bergführer die Seile installieren. Kostbare Zeit vergeht, aber nur drei Kletterer kehren um, weil sie befürchten, dass ihnen wegen der Verzögerungen der Sauerstoff ausgehen wird.

Als letzter Umkehrzeitpunkt ist, so heißt es nach der Katastrophe, 14 Uhr festgelegt. Nicht einmal eine Stunde davor, um 13.07 Uhr, ist Anatoli Bukrejew der Erste, der auf dem höchsten Punkt steht. Er ist ohne Sauerstoff geklettert. Doch schon jetzt ist es eigentlich fast zu spät, um noch vor Einbruch der Dunkelheit Lager IV zu erreichen.

Auf dem Balkon bahnt sich derweil die erste Katastrophe an. An der Schlüsselstelle fünfhundert Meter unter dem Gipfel wird Beck

Weathers plötzlich praktisch blind. Der Journalist Jon Krakauer hat die alpinen Fähigkeiten des US-Amerikaners im Team von Adventure Consultants als »geringer als durchschnittlich« bemängelt. In seinem Buch *In eisige Höhen* lässt er Weathers beschreiben, welche geringen Qualifikationen dieser für notwendig hält, um das Abenteuer einzugehen. Es liest sich, als sei der Everest nicht mehr als eine ausgedehnte Trekkingtour: »Die Voraussetzung ist, Sie sind einigermaßen fit und verfügen über ein gewisses Einkommen. Ich denke, das größte Hindernis besteht wahrscheinlich darin, sich eine Auszeit von Ihrem Job zu nehmen und Ihre Familie für zwei Monate zu verlassen.«

Doch jetzt ist es kein finanzielles oder familiäres – aber auch kein bergsteigerisches Problem, das Beck Weathers zu schaffen macht. Sondern ein medizinisches: 18 Monate zuvor hat er sich einer Augenoperation unterzogen – um die Sicherheit am Berg zu erhöhen. Jetzt drückt der niedrige Luftdruck in der Höhe auf seine Hornhaut. Er kann optisch nichts mehr wahrnehmen, was sich mehr als einen Meter vor seinem Gesichtsfeld abspielt. Er wolle in Lager IV absteigen, erklärt Weathers Hall. Doch der erwidert: »Ich möchte, dass du mir versprichst hierzubleiben, bis ich zurück bin.« Und verschwindet Richtung Gipfel. Weathers hockt auf dem Eis und wartet.

Fast eineinhalb Stunden verbringt Bukrejew unterdessen am oder knapp unterhalb des Gipfels, um anderen auf den letzten Metern des Aufstiegs zu helfen. Doch viele der Kletterer haben den Gipfel auch um 14 Uhr noch nicht erreicht. Als er um 14.30 Uhr hinabklettert, sind fünf Teilnehmer von Adventure Consultants oben angekommen: Hall, Krakauer, Harris, Beidleman und Namba. Von Mountain Madness haben Adams und Schoening den Gipfel erreicht.

Die Climbing-Sherpas harren am Gipfel aus und warten auf die verbleibenden Kunden. Oberhalb des Hillary-Step trifft Sherpa Ang Dorje auf Doug Hansen, einen Kunden von Adventure Consultants. Er weist ihn an abzusteigen. Doch Hansen schüttelt nur stumm den Kopf und zeigt nach oben. Expeditionsleiter Hall kommt hinzu, die Sherpas bieten an, Hansen zum Gipfel zu bringen, aber Hall schickt sie nach unten, um anderen Teilnehmern zu helfen. Er wolle selbst bleiben, um Hansen zu helfen, dem der Sauerstoff ausgegangen ist.

Zu diesem Zeitpunkt zeichnet sich bereits noch größeres Unheil ab. Krakauer notiert später, gegen 15 Uhr habe es begonnen zu schneien, das Licht sei schwächer geworden.

Als Mountain-Madness-Chef Scott Fischer den Gipfel erreicht, ist es bereits 15.45 Uhr. Fischer ist erschöpft vom Aufstieg und vermutlich bereits schwer krank. Möglicherweise leidet er an einem Hirnödem, vielleicht auch an einem Lungenödem, eventuell an beidem. Andere Teilnehmer, darunter Doug Hansen und Makalu Gau von der taiwanesischen Expedition, erreichen den Gipfel noch später.

Bukrejew schreibt in seinem Buch *The Climb*, dass er Lager IV um 17 Uhr erreicht. Unterdessen zieht sich das schlechte Wetter zu einem ausgewachsenen Schneesturm auf der Südwestwand zusammen. Der einsetzende Niederschlag verschluckt die Seile und verwischt den Weg.

Fischer ist gefangen im Sturm. Trotz Unterstützung von Lopsang Jangbu Sherpa gelingt es ihm nicht, unter den Balkon hinabzuklettern. Der geschwächte Bergführer überzeugt die Sherpas schließlich abzusteigen, um anderen Kunden weiter unten zu helfen und ihn gemeinsam mit dem Taiwanesen Makalu Gau zurückzulassen.

Rob Hall ist noch viel weiter oben. Per Funk ruft er jetzt vom Hillary-Step um Hilfe. Sein Klient Hansen habe das Bewusstsein verloren, sei aber noch am Leben. Um 17.30 Uhr beginnt der Adventure-Consultants-Führer Andy Harris, ausgestattet mit zusätzlichem Sauerstoff und Wasser, allein hinaufzuklettern, um den beiden zu helfen. Er schleppt sich durch das tosende Unwetter. Niederschlag und Wind haben sich zu diesem Zeitpunkt zu einem ausgewachsenen Schneesturm entwickelt: »Schneekugeln, die von 110 Stundenkilometern Wind getragen wurden, stachen mir ins Gesicht«, beschreibt Krakauer die Wetterlage. Bukrejew gibt in seinem Buch 18 Uhr als Punkt für das »Einsetzen eines Schneesturms« an.

Auch am Südsattel spielen sich jetzt grausame Szenen ab. Mountain-Madness-Guide Beidleman und die Kunden Schoening, Fox, Madsen, Pittman und Gammelgaard sowie der Adventure-Consultant-Guide Groom und die Kunden Weathers und Namba verlaufen sich im Schneesturm. Stundenlang irren sie herum, bis sie sich gegen Mitternacht erschöpft in der Dunkelheit zusammendrängen. Der quasi blinde Teilnehmer Weathers verliert das Bewusstsein. Das

Letzte was er hörte, schreibt er später, sei Pittman gewesen, die laut zu schreien begann: »Ich will nicht sterben! Ich will nicht sterben!« Was die Gruppe nicht weiß, ist, dass sie 20 Meter vor einem Abhang der kilometertiefen Kangshung-Flanke hocken, um dort die Nacht zu verbringen. »Wer hier einen falschen Schritt macht, stürzt mehr als zweitausend Meter hinab in die Volksrepublik China«, so Weathers später.

Gegen Mitternacht lässt der Schneesturm nach und sie können das nur etwa zweihundert Meter entfernte Lager IV unter sich ausmachen. Beidleman, Groom, Schoening und Gammelgaard steigen hinab, um Hilfe zu suchen. Madsen und Fox bleiben bei der Gruppe am Berg, um nach möglichen Rettern zu rufen, die bereits auf dem Weg sind. Tatsächlich entdeckt der kasachische Bergsteiger Bukrejew die Verirrten – und muss eine furchtbare Entscheidung fällen. Davon ausgehend, dass die Japanerin Namba dem Tode nahe ist, bringt er Pittman, Fox und Madsen in Sicherheit. Den fast leblosen Weathers kann er im Schneesturm nicht entdecken.

Weiter oben ringt Adventure-Consultants-Chef Rob Hall bereits mit dem Leben. Um 4.43 Uhr am nächsten Morgen betätigt er erneut das Funkgerät. Er ist nun zum Südgipfel hinabgestiegen, womöglich mitten in der Nacht. Er berichtet dem Team im Basislager, dass Bergsteiger Harris sie erreicht habe. Aber Hansen, der seit dem vergangenen Nachmittag bei ihm war, sei jetzt »weg« und Harris werde vermisst. Hall atmet in der extremen Höhe keinen künstlichen Sauerstoff, der Atemregler an seiner Maske ist vereist, aber er arbeite daran, sagt er. Kurz darauf nimmt Hall vier Milligramm Dexamethason, ein Mittel, das bei schwerer akuter Höhenkrankheit und beginnendem Höhenhirnödem eingesetzt wird – bei Höhenlungenödem allerdings komplett unwirksam ist.

Irgendwie gelingt es Hall, bis neun Uhr die Sauerstoffmaske zu reparieren. Die Teammitglieder im Basislager fordern ihn auf, aufzustehen und loszugehen. Immer wieder kündigt er an, es zu versuchen, und überlegt es sich dann doch wieder anders. Um 15.20 brüllt ein Teammitglied ihn an: »Rob, mach endlich, dass du den Berg runterkommst.« Hall erwidert, so schreibt Krakauer, mit verärgerter Stimme: »Jetzt hör mal zu Alter, wenn ich glauben würde, dass ich mit meinen halb erfrorenen Händen die Knoten an den Fixseilen schaffen würde, dann wär' ich schon vor sechs Stunden hier weg. Jetzt schick endlich ein paar von den Jungens mit einer großen Thermo-Pulle hoch – dann wird's mir schon wieder besser gehen.« Die Teammitglieder tun sich schwer damit, ihn zu vertrösten, ein erster Rettungsversuch ist wegen des heftigen Winds gescheitert, ein zweiter kann erst am nächsten Morgen begonnen werden.

Am Nachmittag verbindet das Basislager Hall über das Satellitentelefon mit seiner schwangeren Frau in Neuseeland. »Einen Moment bitte«, sagt Hall, »mein Mund ist trocken. Ich will noch ein bisschen Schnee essen, bevor ich mit ihr rede.« Seine Stimme ist krächzend, schleppend und überdies verzerrt. Hall versichert der Mutter seines Kindes, dass er sich einigermaßen wohlfühle. »Wenn man die Höhe und das ganze Drumherum bedenkt, geht's mir eigentlich verhältnismäßig gut.« Berichten zufolge sollen die beiden erst bei diesem Gespräch den Namen für ihr Kind bestimmt haben. Laut Krakauer endet es mit Halls Worten: »Schlaf gut, mein Schatz. Bitte mach dir nicht zu viele Sorgen.« Kurz darauf erfriert er.

Stuart Hutchison, ein Klient aus Halls Team, der am 10. Mai unter dem Gipfel umgekehrt ist, begibt sich derweil auf eine weitere Suche nach Weathers und Namba. Er findet nun auch Beck Weathers oberhalb von Lager IV. Beide Teilnehmer sind am Leben, aber kaum ansprechbar, haben starke Erfrierungen, sind nahezu bewegungsunfähig. Hutchison und der Sherpa Lopsang entscheiden, dass es keine Chance gibt, sie zu retten.

Was für ein Irrtum! Weathers, der weitgehende Laie am Berg, rettet sich selbst. Es ist spät am 11. Mai, als der halb erblindete Pathologe aus Texas das Bewusstsein wiedererlangt. »Gegen vier Uhr nachmittags, Everest-Zeit«, schreibt er nach seiner Rettung, »geschah das Wunder: Ich öffnete meine Augen.« Er ist orientierungslos: »Ganz am Anfang dachte ich, im Bett zu liegen.« Er hat in der Nacht den Fäustling der rechten Hand verloren. »Sie sah aus wie eine moderne Plastik. Ich schlug sie aufs Eis, und es gab einen hohlen Klang.« Weathers steht auf und taumelt durch eine eisige Welt aus Schatten hinab. Er fühlt seine Hände nicht. Sein Gesicht ist von den Erfrierungen schwarz. Und er erreicht Lager IV.

Die überraschten Expeditionsteilnehmer versorgen ihn mit Sauerstoff, sie versuchen ihn aufzuwärmen. Doch es kommt ein neuer

Sturm auf, sein Zelt bricht zusammen. Und so wird Weathers das dritte Mal am Everest aufgegeben. Sie wollen ihn zurücklassen, weil sie annehmen, er sei gestorben. Aber es ist auch das dritte Mal, dass er kurz vor dem Ende Rettung findet. Als sich die Überlebenden in Lager IV bereits auf die Evakuierung vorbereiten, bemerkt Journalist Krakauer, dass Weathers noch bei Bewusstsein ist. Und zu seiner eigenen Verwunderung trotz seines sich verschlechternden Zustands sogar in der Lage, sich aus eigener Kraft zu bewegen.

Ein Rettungsteam wird mobilisiert. Acht Kletterer aus verschiedenen Expeditionen bringen den Texaner schließlich in zwei Tagen hinab nach Lager I. Ein Hubschrauberpilot evakuiert ihn aus der extremen Höhe. Der amerikanische Pathologe überlebt, verliert aber zahlreiche Körperteile.

Fischer und Gau werden am 11. Mai entdeckt. Aber der Zustand des Mountain-Madness-Chefs ist schlecht, man kann ihm nur noch palliative Hilfe zukommen lassen, während man Gau rettet. Bergführer Anatoli Bukrejew unternimmt an diesem Tag im erneut aufkommenden Sturm einen letzten Rettungsversuch. Gegen 19 Uhr findet er Fischer. »Es war dunkel, ein starker Sturm, und ich sah ihn durch den Schnee wie ein Traumbild«, schreibt er in *The Climb*. »Ich sah den Reißverschluss seines Daunenanzugs offen, eine Hand ohne Fäustling, erfroren. Ich öffnete seine Gesichtsmaske und um die Maske herum war das Gesicht erfroren. Aber es hatte eine andere Temperatur, und unter der Maske war er blau, wie von einem großen Bluterguss. Das Gesicht war ohne Leben, ich sah keine Atmung, nur verkrampfte Kiefer. Ich verlor die letzte Hoffnung. Ich konnte nichts tun.« Der Sturm wird stärker, Bukrejew weiß, dass ihm wenig Zeit bleibt. »Ich sah seinen Rucksack und band ihn vor sein Gesicht, um die Vögel abzuhalten. Vier, fünf Sauerstoffflaschen lagen herum, mit denen ich seinen Körper bedeckte. Um viertel nach sieben begann ich rasch den Abstieg.«

Nach der Katastrophe gab es viele Diskussionen. Vor allem das plötzliche Aufkommen des Schneesturms galt als Ursache des Unglücks. Aber es zeichnete sich in jener Saison auch ein völlig neues Phänomen am Everest ab: Es bildeten sich Staus. In diesem Fall zwar wesentlich auch aus dem nie wirklich geklärten Grund, dass Fixseile vorher nicht befestigt worden waren – aber nicht weniger auch wegen der schieren Anzahl von Menschen, die an diesem Tag auf den Gipfel drängten. Krakauer beschreibt in seinem Bestseller besonders deutlich, dass die große Zahl der unqualifizierten Teilnehmer wesentlich zur hohen Zahl der Opfer beigetragen habe.

Dass die Leiter der beiden großen Expeditionen am Everest 1996 nicht rigoros auf den Umkehrzeiten bestanden haben, wird ebenfalls als ein wichtiger weiterer Faktor gehandelt. Aber wie kam es dazu? Natürlich stehen auch nicht kommerzielle Expeditionen am höchsten Berg der Welt immer unter Erfolgsdruck – doch in jenem Jahr könne es die Konkurrenz zwischen dem kommerziellen neuseeländischen und dem US-amerikanischen Anbieter gewesen sein, so argumentiert Krakauer, die entscheidend dazu geführt habe, dass der neuseeländische Expeditionschef Rob Hall nicht umgekehrt ist.

Ganz frei von Konkurrenzgedanken scheint aber auch Krakauer selbst nicht zu sein. So kritisiert er den kasachischen Alpinisten Anatoli Bukrejew scharf dafür, dass er nach Erreichen des Gipfels bald abgestiegen ist, statt sich dort um die anderen zu kümmern. Er sei auch bei anderer Gelegenheit egoistisch und einzelgängerisch gewesen, so Krakauers Einschätzung.

Bukrejew hat sich in seinem Buch ausführlich dagegen gewehrt. Der Anschuldigung, er habe seine Kunden im Stich gelassen, entgegnet er, er habe eine Stunde auf dem Gipfel gewartet, doch nur zwei Klienten seien bis 14 Uhr angekommen. »Wir wussten oben nicht, was unten los war.« Er habe einen Stau der Kletterer am Hillary-Step vermutet und den Gipfel deswegen verlassen. Womit er ja nicht so falsch lag. Der baldige Abstieg vom Gipfel sei überdies der einzige Weg gewesen, den anderen zu helfen, heißen Tee und Sauerstoffflaschen zu beschaffen. Bukrejew beschreibt, wie er genau aufgrund dieser Strategie dazu in der Lage war, als einer der Einzigen den Verunglückten zu Hilfe zu eilen. Zweimal hat er im Orkan Lager IV verlassen, um die Verirrten vom Rand des Südsattels zu bergen. Krakauer, so Bukrejews Beobachtung, sei dagegen während des Abstiegs vom Gipfel der Sauerstoff ausgegangen, woraufhin ein Bergführer ihn an seinen Zylinder anschloss, um ihn aus Lebensgefahr zu retten. Der Kasache lässt in seinem Buch auch die Dänin Lene Gammelgaard ein grundsätzliches, ziemlich böses Urteil über das neuseeländische Team fällen, zu dem Krakauer gehörte: »Die gingen, wie man mit 45 oder 50 am Mount Everest nur gehen kann – langsam, sehr langsam.«

Was auch immer die genauen Umstände waren, sicher ist jedenfalls, dass die Geschehnisse von 1996 das Aufkommen wirtschaftlich ausgerichteter Expeditionsunternehmen deutlich angetrieben haben. Nicht nur die Teamleiter, auch der ein oder andere Teilnehmer, sind legendär geworden, Helden moderner Erzählungen. Viele, oft wohlhabende Laien sollten versuchen, ihnen zu folgen.

Der dreimal fast am Everest gestorbene Texaner Beck Weathers wird nach dem Unglück zehnmal binnen eines Jahres aufwändig operiert. In seiner Biografie *Left for Dead* beschreibt er, dass eine angeschlagene Ehe und Depressionen ihn zum Klettern getrieben hätten. Aber er kommt nach all dem Leiden auch zu einem erstaunlichen Schluss: »Diese Jahre waren die interessantesten, anregendsten und positivsten meiner Existenz. Der Everest war in vielerlei Hinsicht eines der besten Dinge, die mir je passiert sind.«

11 Der Müll

Wer am Fuß des Everest wandert, mag staunen. Mülltrennung ist hier durchaus ein Thema. Man kann niedrige Steinhäuser sehen, vielleicht sind es ehemalige Wohnbehausungen, mit grünem Wellblech gedeckt. Schilder hängen über Durchlässen, die einst Fenster gewesen sein mögen, auf Nepali und Englisch steht dort »Glas und Dosen« über dem einen und »Plastik und Papier« über dem anderen. Auch auf den Wegen und in den Dörfern ist es erstaunlich sauber. In der Region am Everest liegt wenig Müll herum.

Aber zur Wahrheit gehört auch, dass es die Sherpas und die Nepali im Allgemeinen nicht so sehr mit dem Öko-Gedanken haben. Sieht man die Regionen, die weniger von Touristen frequentiert werden als das Spotlight Khumbu, schaut man sich in der Hauptstadt Kathmandu um, dann gewinnt man ein völlig gegensätzliches Bild. Ob Stadt oder Land: Täler voller Plastiktüten, Flussbetten voller Fäkalien, Berge von Blechdosen und undefinierbare wilde Müllhalden aller Art gibt es überall in dem armen Land.

Am Everest selbst ist das Müllproblem seit Langem bekannt. Sauerstoffflaschen, alte Zelte und Schlafsäcke, Fäkalien, vor allem von westlichen Touristen und Alpinisten hinterlassen, sind immer wieder ein Thema. Mit der wachsenden Masse jener, die den Berg besteigen wollen, steigt auch die Menge des Unrats, der zwischen Basislager und Todeszone liegen bleibt. Der Klimawandel macht das Problem nur noch sichtbarer: Weil es in den vergangenen Jahren am Mount Everest ungewöhnlich warm war, tauchen auch die Hinterlassenschaften längst vergangener Expeditionen wieder aus dem Eis auf.

Mit unterschiedlichen Ansätzen und mäßigem Erfolg versucht die nepalesische Regierung ebenso wie die Regierung in Beijing dem Problem seit Jahren entgegenzuwirken. Bereits 2008 startete die erste

Eco-Everest-Expedition auf den Berg, um den Müll abzuräumen, unterstützt vom International Centre for Integrated Mountain Development mit Sitz in Nepal, vom Umweltprogramm der Vereinten Nationen und der nepalesischen Regierung. Bis 2012 wurden mehr als 13 500 Kilogramm Abfall und mehr als 450 Kilogramm menschliche Abfälle sowie die Überreste von fünf toten Kletterern hinabgebracht.

Immer wieder wurden zuletzt auch die Touristen in die Pflicht genommen. 2018 wurde gemeldet, dass China bereits mehr als acht Tonnen Müll vom Mount Everest gesammelt habe, darunter mehr als zwei Tonnen menschliche Exkremente. 30 Bergsteiger hatten den Dreck zuvor quasi per Hand aufgelesen. In Tibet müssen Bergsteiger bereits seit 2015 auf ihrem Weg zum Gipfel mindestens acht Kilo Unrat aufklauben. Hundert Dollar für jedes nicht abgelieferte Kilogramm Müll stellen die chinesischen Behörden Zurückkehrenden in Rechnung.

In Nepal gelten ähnliche Regeln. Im vergangenen Jahr sollen dort Bergsteiger fast vierzig Tonnen Abfall vom Everest mit zurückgetragen haben. Obwohl laut der Nichtregierungsorganisation Sagarmatha Pollution Control Committee (SPCC) nur jeder zweite Kletterer die geforderte Menge an Müll abliefere. Denn die bis zu viertausend Dollar Strafe sind natürlich ein Witz gegen das, was die Kletterer zahlen, um hinaufzulaufen. 2019 haben die nepalesischen Behörden zudem Einwegkunststoffe in der Everest-Region verboten. Alle Plastiktrinkflaschen und Kunststoffe mit einer Breite von weniger als dreißig Mikrometern sind demnach in der Provinz verboten.

Eine besondere Herausforderung sind die Exkremente der Bergsteiger am Mount Everest. Sie werden entweder gar nicht entsorgt – oder in Sickergruben nahe dem kleinen Sherpa-Dorf Gorak Shep unterhalb des Basislagers. Doch hier droht neue Gefahr: Während des Monsuns können die Gruben überlaufen und das Trinkwasser verseuchen. Auf der chinesischen Seite geht man mittlerweile einen anderen Weg: Die Behörden arbeiten an umweltfreundlichen Toiletten.

Für 2020 waren an die fünfzig weitere Aufräumaktionen auf dem Mount Everest geplant. Doch dann kam die Pandemie. Die Regierung in Kathmandu plante, 35 000 Kilogramm Müll vom Everest und fünf weiteren Himalaja-Gipfeln zu entfernen – neben dem höchsten Berg auch vom Lhotse, Pumori, Ama Dablam, Makalu und Dhaulagiri. Die

Armee sollte für die Aufgabe eingesetzt werden, für die etwa acht Millionen Euro veranschlagt wurden.

Doch um diesen Einsatz entbrannte ein bizarrer Streit. Einige führende Bergsteiger Nepals beanspruchten den Job für ihre Zunft. So sagte der bekannte Alpinist Kami Rita Sherpa, dass die Armee schlicht nicht in der Lage sei, die Hochlagen zu erreichen. »Sie haben zwar Müll aus niedrigeren Lagen gesammelt«, meinte er im Zeitungsinterview, »aber sie sollten Sherpas mobilisieren, um Müll aus höheren Lagen zu beseitigen. Das können nur Sherpa-Führer und Träger«. Und die sollten eine angemessene Bezahlung erhalten. »Climbing-Sherpas sind die richtigen Leute, um die Gipfel zu säubern«, pflichtete ihm Phurba Tashi Sherpa bei. Der Sprecher der nepalesischen Armee, Bigyan Dev Pandey hielt dagegen, er sei zuversichtlich, dass sein Team während der Aufräumarbeiten die oberen Bereiche erreichen könne.

Tatsächlich können die nepalesischen Behörden zwar auf einige Erfahrung in dem Bereich verweisen – so haben sie nach eigenen Angaben allein 2019 rund zehntausend Kilogramm Abfall an den höchsten Bergen der Welt entsorgt. Doch es ist sicher keine einfache Aufgabe, gebrauchte Sauerstoff- und Kochgasflaschen, Kletterausrüstung, Lebensmittelverpackungen, Dosen und Flaschen aus höheren Lagen herunterzubringen. In einigen Fällen liegt der Müll bekanntlich seit Jahrzehnten im Schnee und im Eis.

Eine weitere Herausforderung für die Bergungsmannschaften sind die Leichen der verunglückten Bergsteiger, die bis heute am Berg liegen. »Sherpas riskieren dabei ihr Leben – die meisten Körper sind vereist und wiegen daher gut 150 Kilogramm«, sagte Ang Tshering Sherpa, der ehemalige Vorsitzende des nepalesischen Bergsteigerverbands internationalen Medien. »Leichen von den oberen Everest-Camps abzutransportieren ist eine besonders schwierige Aufgabe.«

12 Die Leichengasse

Wer den Everest besteigt, geht im Wortsinn über Leichen. Berühmte Bergsteiger, unbekanntere, Verunglückte, deren Identitäten bis heute nicht geklärt sind: Mehr als dreihundert Menschen sind am Berg gestorben, etwa zweihundert liegen bis heute dort. Einige sind für immer in Gletscherspalten verloren oder über Kanten hinabgestürzt. Aber viele sind steifgefroren, wie konserviert für die Ewigkeit, sie hocken auf Abhängen oder liegen in einer Höhle, die Haut sonnengebleicht, ihre Glieder verdreht. Und mindestens in Sichtweite der lebenden Kletterer, die an ihnen vorbeiziehen.

In der Todeszone ist nicht immer leicht auszumachen, wer ein ambitionierter Kletterer oder ein Erfrorener ist. Wie gespenstisch die Szenerie ist, beschreibt der australische Bergsteiger Duncan Chessell: »Du weißt nicht, ob die Person, die da auf dem Fels sitzt, Hilfe braucht oder seit fünf Jahren tot ist. Es ist dunkel, du frierst, du bist müde ...«

Der amerikanisch-britische Alpinist Daniel Mazur berichtet, teilweise blockierten die Leichen den schmalen Weg, der hart am Abgrund hinaufführe. »Es ist eine der furchtbarsten, schlimmsten Erfahrungen, die ich je gemacht habe, über die Toten zu treten. Oft muss man über ihre Glieder hinwegsteigen.« Jeder, der die Hauptroute hinaufklettere, müsse, selbst wenn die Sauerstoffmaske die Sicht beschränke, mindestens zehn Leichen passieren.

In den Achtzigern und Neunzigern hockten die Skelettreste von Kletterin Hannelore Schmatz in Sichtweite aller Kletterer auf der Südroute. Die Leiche lehnte mit weit geöffneten Augen und im Wind wehenden Haaren an ihrem Rucksack. Der nepalesische Polizeiinspektor Yogendra Bahadur Thapa und der Sherpa-Führer Ang Dorje starben 1984, als sie versuchten, ihren Körper zu bergen. In den späten Neunzigern wehten schließlich starke Winterwinde ihre Überreste hinab in die Kangshung-Flanke.

Das sogenannte Rainbow Valley unterhalb des Gipfels ist mit Leichen übersät, die bunte Bergsteigerkleidung tragen. Der erfahrene Gipfelstürmer David Breashears, der in der Katastrophensaison 1996 die IMAX-Filmexpedition auf den Gipfel des Everest leitete, hat den Bereich als »den offenen Friedhof, der oben wartet« bezeichnet.

Selbst die Leiche des legendären britischen Everest-Bergsteigers George Mallory befindet sich immer noch auf 8 200 Metern über Meeresniveau, gefunden 1999 von Kletterern, die hofften festzustellen, ob er und sein Begleiter Andrew Irvine es im Juni 1924 nun an die Spitze geschafft hatten oder nicht. Das Seil, mit dem er einst an Irvine befestigt war, lag immer noch um seine Taille, seine Hände krallten sich immer noch in den Felsen. Mallory wurde wenigstens die Würde eines Begräbnisses am Berg gegeben.

Denn es ist fast unmöglich, eine Leiche von dort oben zu bergen. Bisher soll es in nur etwa fünfzig Fällen gelungen sein. Es ist zu aufwändig. Und es ist sehr teuer. Tausende von Dollar werden dafür veranschlagt, sechs bis acht Sherpas sind nötig. Nicht nur sind bei entsprechenden Versuchen manche Bergsteiger gestorben – mehrfach wurden die Aktionen auch nach tagelanger Arbeit aufgegeben, weil sich das Vorhaben einfach als unmöglich erwies.

Viele Bergsteiger sagen, man könne sich nicht vorstellen, welchen Aufwand eine solche Arbeit bedeute, wenn man nicht selbst dort oben gewesen ist. »Sogar das Aufheben einer Bonbonverpackung hoch oben auf dem Berg ist eine große Anstrengung, da sie völlig gefroren ist und man herumgraben muss«, sagt Ang Tshering Sherpa, Vorsitzender und Gründer von Asian Trekking mit Sitz in Kathmandu und langjähriger Präsident der Nepal Mountaineering Association. »Eine Leiche, die normalerweise 80 Kilo wiegt, kann 150 Kilo wiegen, wenn sie gefroren und mit dem umgebenden Eis ausgegraben wird.«

Dawa Steven Sherpa, Geschäftsführer von Asian Trekking und Ang Tsherings Sohn, ist mit seinen jahrelang auf dem Berg gewesen – um ihn von Müll zu befreien. Doch seit 2008 haben sie nicht nur Tausende Kilogramm Unrat entfernt. Auch wenn eine Leiche oder einzelne Körperteile aus dem immer dynamischen Khumbu-Gletscher herausschmelzen, kommt sein Team zum Einsatz. Eine Reihe Toter haben sie geborgen, unter anderem vier Sherpas – von denen sie einen kannten – und einen australischen Kletterer, der 1975 verschwunden war. »Wenn möglich sollten menschliche Überreste beerdigt werden«, sagt Dawa Steven Sherpa.

Viele Bergsteiger möchten aber auch auf einem Berg bleiben, wenn sie dort nicht überleben – das ist fast schon eine Tradition. Sie dem Berg zu »übergeben« ist deshalb mehr als nur die technisch einfachere Alternative. Sie werden mit Steinen bedeckt, die einen Grabhügel bilden. Wenn das nicht geht – werden sie mit allem Respekt in eine Gletscherspalte fallen lassen oder von einem steilen Hang geschoben, außer Sichtweite.

Als Sleeping Beauty bekannt wurde Francys Distefano-Arsentiev, die erste Frau aus den USA, die 1998 den Gipfel ohne Hilfe von zusätzlichem Sauerstoff erreichte. Sie stieg ab, kollabierte auf 8850 Metern Höhe und blieb an Ort und Stelle liegen. Ihre lilafarbene Jacke war lange für die Kletterer deutlich sichtbar.

2007 unternahm der Bergsteiger Ian Woodall, der Francys Distefano-Arsentiev kurz vor ihrem Tod noch dort gesehen und zu retten versucht hatte, eine Expedition, um ihren Körper beizusetzen. Gemeinsam mit Phuri Sherpa, der regelmäßig am Everest arbeitete, erreichte der Brite am 23. Mai die Stelle, an der er sich daran erinnerte, Francys verlassen zu haben – einen Abhang, etwa sechzig Grad steil, bedeckt von Schiefertrümmern. Eigentlich wollten sie einen Steinhaufen für die Verunglückte errichten, aber zu Woodalls Bestürzung lag der gesamte Bereich mittlerweile unter einer mehr als einen Meter hohen Schneedecke. »Es gab überhaupt keine Anzeichen von ihr, nur einen riesigen, instabilen Schneehang«, erinnert er.

Also begannen die beiden zu graben. Sie hatten Glück und auch noch einige grobe Erinnerung, und so entdeckten sie Distefano-Arsentiev beim zweiten Versuch in den Schneemassen. Ein Steingrab war keine Option mehr, aber ihr Seil reichte gerade aus, um den Körper der Verunglückten über den Rand des Berges hinabzulassen. Sie wickelten die hartgefrorenen Überreste in eine amerikanische Flagge, sprachen ein paar Worte – und schickten sie auf den Weg hinab. Es sei das Schwierigste gewesen, was er in seinem Leben getan habe, sagt Woodall später. »Viel schwieriger, als zum Gipfel zu gehen.«

Macht es den Bergsteigern nichts aus, die Toten zu passieren, wenn sie dort hinaufsteigen? Was macht das mit den Alpinisten? Die meisten reden sich vermutlich selbst ein, dass alles, was mit dieser Person passiert ist, ihnen nicht passieren wird, vermuten Psychologen.

Aber das gelingt nicht jedem. 2010 machte sich Geert van Hurck auf den Weg auf die Nordseite des Everest, als er, wie er es später beschrieb, eine »farbige Masse« am Boden sah. Als der Amateurkletterer aus Belgien bemerkte, dass es sich um einen Bergsteiger handelte, schritt er näher, er wollte helfen. Dann erst erkannte er die Plastiktüte. Jemand hatte sie über das Gesicht des Mannes gelegt, vermutlich um zu verhindern, dass Vögel ihm in die Augen pickten. Van Hurck kehrte auf der Stelle um. »Es fühlte sich einfach nicht richtig an, weiterzuklettern und auf dem Gipfel zu feiern. Ich glaube, ich habe mich selbst dort liegen sehen.«

Irritierend muss es auch für die Hinterbliebenen sein, wenn sie registrieren, dass alljährlich Hunderte Menschen an den Überresten ihrer am Berg verunglückten Verwandten vorbeistapfen, förmlich über sie hinwegsteigen. Und wenn die Toten als Wegweiser oder in sozialen Medien einen höchst zweifelhaften Rum erlangen.

Das gilt für den wohl bekanntesten Toten am Berg, der Green Boots genannt wird. Dieser Name ist im Laufe der Jahrzehnte zu einer festen Bezeichnung geworden. Viele Kletterer nutzten die kleine Höhle auf 8500 Metern Höhe, in der der Alpinist mutmaßlich verendet ist, als Rastplatz auf dem Rückweg vom Gipfel. Ein wenig vor dem Wind geschützt, setzen sie sich dort hin, um zu Atem zu kommen oder einen Snack zu verzehren. 80 Prozent aller, die auf der Nordroute unterwegs sind, täten das, schätzte die irische Bergsteigerin und Alpinistin Noel Hanna.

Das erste Video von Green Boots hat der französische Bergsteiger Pierre Paperon veröffentlicht, es zeigt einen Mann, von dem allgemein angenommen wird, dass es der Inder Tsewang Paljor ist, in einer orangen Jacke und einer hellblauen Hose. Er liegt auf der Seite im Schnee, den Kopf abgewandt, unter einem Felsvorsprung, neben ihm eine Sauerstoffflasche. Man kann seine grünen Schuhe erkennen, die ihm den Namen gegeben haben, Marke Koflach. Es gibt sogar ein ziemliches albernes Elektropop-Lied über ihn, zu hören auf YouTube. Er war lange der wohl berühmteste Orientierungspunkt unter den Toten am Berg. »Ich würde sagen, dass wirklich jeder, besonders diejenigen, die auf der Nordseite klettern, etwas über Green Boots weiß«, sagt Noel Hanna.

Green Boots, die Leiche, die eine besondere Berühmtheit auf dem Everest erlangt hat, war der gängigsten Theorie zufolge ein Mitglied der indisch-tibetischen Grenzpolizei und erst 28 Jahre alt, als er sein Leben verlor. Zusammen mit den Kletterpartnern Tsewang Smanla und Dorje Morup soll er im desaströsen Orkan von 1996 ums Leben gekommen sein.

Am 10. Mai jenes Jahres wurde das Team knapp unterhalb des Gipfels vom Schneesturm überrascht. Doch während drei andere Mitglieder abbrachen, beschlossen Smanla, Morup und Paljor, den Aufstieg zu wagen. Gegen 15.45 Uhr funkten sie hinab zu ihrem Expeditionsleiter, dass sie auf dem höchsten Punkt stünden. Ihr Chef Smanla wies die beiden anderen an abzusteigen, während er noch eine buddhistische Zeremonie abhalten wollte.

Später kam es zu Kontroversen darüber, inwieweit ein Team japanischer Kletterer die vermissten indischen Kletterer gesehen habe und ihnen keine Hilfe geleistet habe. Sicher ist nur, dass es nach der Meldung vom Gipfel keinen Funkkontakt mehr gab. Teammitglieder berichten von zwei Lichtkegeln, sie hätten beobachtet, wie die sich auf 8570 Metern Höhe bewegten. Doch es gelang keinem der drei, in das auf 8300 Metern eingerichtete Hochlager zurückzukehren.

Einmal habe er seinem Bruder gesagt, dass er mehr daran interessiert sei, sein Leben etwas Größerem zu widmen, als zu heiraten, berichtete Paljors Mutter einem *BBC*-Reporter, der sie in dem kleinen Ort Sakti in der indischen Region Ladakh besuchte, aus der der Bergsteiger stammte. Und als er die Reise zum Everest angetreten sei, habe er geflunkert. »Er erfand eine kleine Lüge, dass er einen anderen Berg besteigen würde. Aber er erzählte auch einigen Freunden, was er tatsächlich tat, und die Nachricht gelangte dann auch zu uns.«

Nach dem Unglück kamen zwei Männer der Indo Tibetan Border Force, in deren Dienst er stand, an die Tür seiner Mutter. Sie sagten, dass es am Everest einen Unfall gegeben habe und dass ihr Sohn vermisst werde. Es war bald klar, dass er eigentlich tot war, aber lange wollten die Angehörigen die Hoffnung nicht aufgeben. Irgendwann musste die Familie der Realität jedoch ins Auge sehen, eine Beerdigungszeremonie wurde abgehalten. Viele hundert Kilometer vom Ort des Unglücks entfernt.

Ein Schock sei aber dann gewesen, dass Tsewang Paljor eine so seltsame Berühmtheit erlangt habe, sagte sein Bruder Thinley. 2011 habe er den Spitznamen zusammen mit Fotos entdeckte: »Ich war im Internet und habe festgestellt, dass sie ihn Green Boots oder so nennen. Ich war wirklich verärgert und schockiert und ich wollte nicht, dass meine Familie davon erfährt. Ehrlich gesagt fällt es mir schwer, die Bilder im Internet anzusehen«, sagte er der *BBC*. »Ich fühle mich so hilflos.«

2006 machte der englische Kletterer David Sharp in der Höhle neben Green Boots Rast. Plötzlich erstarrte sein Körper, Sharp war unfähig sich zu bewegen. Über vierzig Kletterer stiegen an dem Mann vorbei, der erfrierend in dem Unterschlupf hockte. Erst als er ein leises Stöhnen von sich gab, versuchten Bergsteiger ihm Sauerstoff zu geben, ihn dazu zu bewegen aufzustehen. Aber da war es schon zu spät.

Green Boots wurde zwischen 2014 und 2017 nicht gesehen, man vermutete, dass die Leiche entfernt oder begraben worden war. 2017 wurde ein toter Körper entdeckt, der neben einem Zelt und anderen Gegenständen von einer Flanke baumelte. Einige Bergsteiger spekulierten, dass es sich um die sterblichen Überreste von Tsewang Paljor handelte.

13 Das Verbrechen

Leichen, Müll und Millionäre, das sind die Aufreger, die seit den Neunzigern die öffentliche Diskussion um den Everest beherrschen. Aber auch Kriminalität wurde bald zu einem Thema. Die weltweit »höchstgelegene« Verbrechenswelle – welch schräges Bild – habe die Chinesen jetzt veranlasst, ihre Polizeipräsenz an den Hängen des Mount Everest zu verstärken, notierte 2008 der britische *Independent.* Die örtliche Polizei habe die öffentliche Sicherheit im Basislager auf der tibetischen Seite des Everest verstärkt. Denn an den »einst unberührten Nordhängen« des Berges grassierten Prostitution, Diebstahl und Glücksspiel.

Zhang Shoucheng, der chinesisch-stämmige Direktor der Everest-Polizeistation, präzisierte die Lage vor Ort gegenüber der *Tibet Daily*: »Früher hatten wir nur einen Polizeiposten auf der Nordseite des Everest-Gebiets, und das war eine tragbare Holzhütte mit drei Räumen. Aber die Zahl der Touristen ist in den letzten Jahren gestiegen, sodass die ursprüngliche Polizeihütte in einem Wohnwagen die Bedürfnisse von Recht und Ordnung und die Anforderungen der Touristen nicht mehr erfüllen.« Reiseanbieter lockten Kunden immer wieder mit falschen Informationen. Prostitution und illegales Glücksspiel breiteten sich aus. Auch »gefälschte« Sauerstoffflaschen seien jetzt aufgetaucht.

Die lokale Schattenwelt weitete offenbar ihre Aktivitäten auf das Basislager aus – kein Wunder, es besteht ein nicht unerhebliches Einkommensgefälle zwischen den Touristen und Bergsteigern einerseits und den Einheimischen andererseits, ob kriminell oder auch nicht. Besonders erstaunlich ist, was der chinesische Beamte über das Gros der Vergehen sagte: Den höheren Anteil an der aktuellen Kriminalitätswelle hätten die »gängigen« Probleme, mit denen ohnehin alle Besucher der höchsten Touristenattraktionen der Welt konfrontiert seien: Sauerstoffflaschen würden entwendet, Rucksäcke sowie Seile und Ausrüstung gestohlen. Der Diebstahl von Ausrüstung im Grenzbereich zwischen Tourismus und Alpinismus am Everest ist zu diesem Zeitpunkt offenbar ein gemeinhin bekanntes Phänomen.

So schreibt auch der US-amerikanische Autor Michael Kodas, dass zwar schon vor 2008 viele Expeditionen am Berg ihre Zelte durch Wachen hätten sichern lassen, um Diebstählen vorzubeugen. Doch das erste Mal hätten in jenem Jahr chinesische Soldaten das Lager bewacht, sie seien damit die ersten Waffen tragenden Sicherheitskräfte am Berg gewesen.

Kodas ist Experte für das Thema. Ein ganzes Buch über das Phänomen Kriminalität am Everest hat der US-Amerikaner geschrieben. Auch er schildert in *Der Gipfel des Verbrechens*, wie die lokale Halbwelt in die Basislager auf beiden Seiten des Everest vordringt. Er beschreibt, wie tibetische Frauen sich auf der Nordseite offen und ziemlich aufdringlich Expeditionsteilnehmern für Geld anbieten. Er notiert, dass Expeditionsärzte dort regelmäßig Verletzungen von Schlägereien und Geschlechtskrankheiten behandelten. Über die Südseite berichtet er ganz ähnlich: Prostituierte und Zuhälter seien durchs Basislager gelaufen und hätten ihre Dienste angeboten.

Aber das ist eigentlich nur Randgeschehen. Im Fokus seines Buches steht zunächst etwas anderes: Diebstähle am Berg. Die seien ein wohl gehütetes Geheimnis, so der Autor. Um das positive Image des Bergsteigens zu bewahren, verleugneten viele Expeditionsleiter und Bergführer das in der Öffentlichkeit zwar weitgehend, doch in Wahrheit sei Klauerei quasi an der Tagesordnung.

Tatsächlich wird am Everest Ausrüstung jedweder Art entwendet. Besonders oft geht es um Sauerstoffflaschen. Sechshundert Euro kostet das Stück heute in etwa, es lohnt sich, die kostbaren Geräte mitgehen zu lassen. Kodas schreibt, der US-amerikanische Bergführer Wally Berg habe ihm von einer Saison erzählt, in der gleich eine komplette Lieferung Sauerstoffflaschen abhandengekommen sei. Man habe schließlich bei einer Gruppe Russen nachgeschaut, die behauptet hatten, sie würden ohne künstlichen Sauerstoff hochsteigen. Und in deren Messezelt einen Tisch gefunden, der eine verdächtige Form gehabt habe. Unter der Tischdecke sei dann eine Kiste mit Sauerstoffflaschen zum Vorschein gekommen.

Der Autor liefert auch eine detaillierte Beschreibung des Everest-Erfolgs des polnischen Bergsteigers Marcin Miotk, der im Mai 2005 im tibetischen Basislager ankam und plante, den Berg alleine ohne Sherpas zu besteigen und keinen zusätzlichen Sauerstoff zu verwenden. Er wurde mehrfach bestohlen und hätte sein Unternehmen daher fast mit dem Tod bezahlt:

»Am 29. Mai brach Marcin Richtung Gipfel auf, brachte Zelte und Ausrüstung in die Lager I und II, zog sich dann aber wegen des starken Windes, der eine Besteigung ohne künstlichen Sauerstoff zu gefährlich machte, wieder ins vorgeschobene Basislager zurück. Österreichische Freunde, die den Aufstieg fortsetzten, hinterließen für ihn einen Schlafsack in Lager III, dem höchsten Lager am Berg.

Zwei Tage später gab es völlig unerwartet ein spätes Wetterfenster, und Marcin machte sich auf den Weg zum Gipfel. Er stieg so schnell auf, dass er gegen Mittag in Lager I eintraf, was sich als günstig herausstellte. Als er sein Zelt öffnete, stellte er fest, dass er beraubt worden war. Die Goretex-Kleidung, die er dort zurückgelassen hatte, um sich aufwärmen zu können, war gestohlen worden. Er war irritiert, kam aber ohne diese Kleidung zurecht, zumal er sowieso vorhatte, die ganze Route bis ins zweite Lager noch an diesem Tag zu bewältigen. Als er jedoch Stunden später im Lager II ankam, stellte er fest, dass sein Zelt dort auch ausgeraubt worden war. Diesmal fehlte Ausrüstung, die überlebensnotwendig für ihn war: sein Schlafsack, Handschuhe, Windstopperhose und -jacke, Socken und Stirnlampe. Da es Nacht wurde und die Situation sehr ernst und gefährlich war, lieh sich Marcin einen ungenutzten Schlafsack aus einem Nachbarzelt, den er am Morgen wieder zurückbrachte, bevor er weiter aufstieg. Ohne künstlichen Sauerstoff oder zusätzliche Bekleidungsschichten war Marcin durch die Kälte sehr gefährdet. Das wirkliche Problem war aber der Verlust seiner Stirnlampe. Ohne Lampe wäre er nicht in der Lage, den Aufstieg vom Lager III zum Gipfel mitten in der Nacht zu beginnen, wie das fast jeder Bergsteiger macht. Er wäre gezwungen, den Gipfelaufstieg gefährlich spät am Tag zu beginnen, und hätte nur wenig Zeit, vor der Dunkelheit wieder zurück an seinem Zelt zu sein. Da er ohne künstlichen Sauerstoff unterwegs war, hatte er sowieso schon wenig Spielraum für einen Fehler. Während seines Aufstiegs ins Lager III kamen Marcin fünf absteigende Bergsteiger entgegen, die er bat, ihm eine Stirnlampe zu leihen. Keiner wollte ihm eine überlassen.

Er bezog Lager III, richtete seine Sachen für die Nacht her und begann am nächsten Morgen um 5.30 Uhr den Aufstieg zum Gipfel, wobei er ohne Rucksack ging, um schneller voranzukommen. Alle anderen Bergsteiger, die er sah, waren schon beim Abstieg, da sie den Gipfel bereits erreicht hatten oder umgekehrt waren. Marcin erreichte den Gipfel um 14.30 Uhr als letzter Gipfelbesteiger der Saison. Zwischen sieben und halb acht war er wieder in seinem Zelt; als die Sonne gerade den Horizont erreichte. Er war erschöpft und wollte nur noch in seinen Schlafsack kriechen und seinen Kocher anwerfen. Sein Zelt war aber wieder ausgeplündert worden. Marcin durchwühlte das Chaos, das übrig geblieben war, nach Ausrüstung, aber alles war weg. Sein Schlafsack, der Kocher, die zusätzliche Bekleidung – sogar seine Medikamente waren gestohlen. Angesichts der untergehenden Sonne blieben ihm nur wenige Minuten, um Ersatz zu finden, bevor er erfrieren würde.«

Marcin selbst schrieb über dieses Erlebnis einen offenen Brief an mehrere Bergsteiger-Websites: »Alles, was irgendeinen Wert zu haben schien, war weg. Und das auf 8300 Meter Höhe während des Gipfelvorstoßes! [...] Kein Schamgefühl, keine Ethik – nur das Geld zählt.«

Der Pole verließ sein Zelt und rief um Hilfe, aber der Wind war so stark, dass ihn keiner im Lager hören konnte. Etwas früher in der Saison hatten sich Dutzende von Zelten und Bergsteigern in Lager III eingefunden, aber jetzt waren nur sechs oder acht Zelte übrig. Jeder im Lager musste gewusst haben, dass sich der Bergsteiger, den sie bestahlen, im Aufstieg zum Gipfel befand und seine Ausrüstung bei der Rückkehr dringend brauchen würde. »Der Diebstahl, dessen Opfer ich in Lager III wurde, war eigentlich ein versuchter Raubmord«, schrieb er. »Wäre ich nur ein wenig erschöpfter gewesen, wäre ich wahrscheinlich in mein Zelt gegangen und man hätte in der nächsten Bergsaison meine Leiche gefunden.«

Der polnische Bergsteiger musste befürchten, mangels Kocher und Schlafsack zu erfrieren. Er mobilisierte seine letzten Kräfte und taumelte in der zunehmenden Dunkelheit von Zelt zu Zelt, um von den

Sherpas, die noch im Lager waren, genügend Ausrüstung zusammenzubetteln, damit er die Nacht überlebte.

»Wahrscheinlich handelte es sich dabei um dieselben, die tagsüber meine Ausrüstung gestohlen hatten«, notierte Marcin bitter. »Die Sherpas haben in den letzten Jahren ihre Ehre verloren. Man kann sich kaum vorstellen, wie durchtrieben sie geworden sind. Sogar dreist: Wer stiehlt mehr, wer schnappt sich die meisten Wertsachen, darüber sprechen die Sherpas, wenn sie im Basislager Karten spielen. Zu 98 Prozent sind die Sherpas großartige Menschen. Aber ich denke inzwischen über sie alle schlecht, weil sie die zwei Prozent schlechten Menschen tolerieren.«

Bemerkenswert ist, wie der polnische Bergsteiger die mangelnde Solidarität der Bergsteiger schildert. Und dass er auf die Ironie hinweist, dass oft die besten Kletterer, die in kleinen, unabhängigen Gruppen oder alleine sind, die leichteste Beute für Diebe in der Höhe sind. Befremdlich kann man dagegen finden, dass er dabei die Sherpas noch einmal besonders beschreibt. Auch ihre Ehre am Berg hat demnach gelitten – aber vor allem scheint es, dass Marcins romantische Vorstellungen von dem kleinen Volk am Berg einen großen Kratzer bekommen hat.

Das Phänomen des Diebstahls von Ausrüstungsgegenständen ist natürlich nicht auf den Everest beschränkt, es gibt zahlreiche Berichte über ähnliche Vorfälle an den anderen Giganten des Himalaja – etwa am Ama Dablam oder Broad Peak. Auch dort hat entwendetes Material immer wieder Bergsteiger in Lebensgefahr gebracht. Kein Wunder, die Berge sind gesetzloses Land. Reinhold Messner hat einmal gesagt, Höhenbergsteigen sei ein weitgehend rechtsfreies Metier, »eine anarchische Angelegenheit«. Auf mehr als achttausend Metern gibt es keine Imperative und keine Gesetze – außer die der Natur und des eigenen Körpers.

Doch während die kleineren und größeren Diebstähle unter Alpinisten eindeutig zum Bereich Verbrechen zählen, liegt ein anderes Phänomen eher im Graubereich: Doping. Natürlich ist der Einsatz leistungsfördernder Substanzen am Everest weit verbreitet. Wie im Bergsport generell. Vieles von dem, was etwa beim Radfahren völlig undenkbar wäre, ist im Alpinismus generell kein Thema. Denn es wird nicht kontrolliert. Schon gar nicht auf den Achttausendern. Einerseits gibt es keine offiziellen Regeln, keine gesicherten Daten. Anderseits sind etwa Urinproben oben am Berg nur sehr schwer einzufordern.

Deswegen ist auch ganz harter Stoff immer mal wieder ein Thema gewesen. Bekanntlich konsumierte bereits der legendäre österreichische Alpinist Hermann Buhl 1953 bei der Erstbesteigung des 8125 Meter hohen Nanga Parbat Pervitin, das Mittel, das als Hitlers »Panzerschokolade« eine erste Karriere machte – und heute als Chrystal Meth Existenzen vernichtet. Angeblich soll sein Expeditionsleiter und Arzt Karl Maria Herrligkoffer ihm dazu geraten haben. Herrligkoffer empfahl die Substanz gar als Grundausstattung für die persönliche Apotheke eines jeden Alpinisten. »Ich erinnere mich an das Pervitin«, schreibt Buhl in seinem Expeditionsbericht. »Es ist verlockend, würde mir wieder neue Kraft geben, neuen Auftrieb, doch nein, die Wirkung hält nur sechs bis sieben Stunden an, dann ist's vorbei, dann tritt die Reaktion ein, und die könnte böse Folgen haben.« Zwei Tabletten nimmt er aber schon, erreicht den Gipfel – und schafft es gerade noch nach unten.

Auch die Ersten, die überhaupt auf dem Gipfel eines Achttausenders standen, waren vermutlich alles andere als clean. Am 3. Juni 1950 erreichten die Franzosen Maurice Herzog und Louis Lachenal nach einem beschwerlichen Aufstieg die 8091 Meter hohe Annapurna, der Abstieg soll geradezu desaströs gewesen sein. In seinem Buch *Annapurna, erster Achttausender* schreibt Herzog, der später unter Charles de Gaulle zu Ministerehren kam, wie sich Hautfetzen von seinen erfrorenen schwarzen Händen lösten und der Expeditionsarzt Jacques Oudot nach und nach die Glieder seiner Finger amputieren musste. Oudot war auch für den umfangreichen Medikationsplan des Teams zuständig: Vitamintabletten, Schlafmittel, Aspirin. Aber auch: Aufputschmittel. »Herzog und Lachenal waren wegen der Medikamente am Gipfel mehr oder weniger plemplem«, kommentierte Reinhold Messner die substanzielle Breitseite, die der Mediziner ihnen verpasst hatte. »Dass sie nach unten gekommen sind, kommt einem Wunder gleich.«

Freilich kommt insbesondere Pervitin in den folgenden Jahrzehnten aus der Mode. Etwas softer geht es nun zu, und vor allem: zielgerichteter. In den Siebzigern ist Diamox am Everest trendy. Das Mittel kann die Symptome eines Hirnödems bei akuter Höhenkrankheit abmildern, ohne dabei zu einer Beschleunigung der biologisch notwendigen Anpassung an die Höhe zu führen. Zusammen mit Dexamethason, einem künstlichen Glucocorticoid, das Infektionen eindämmt und die Immunabwehr herunterfährt, und Dexidrin, einem Amphetamin, das amerikanische Bomberpiloten in Afghanistan verwendet haben sollen, ist Diamox Bestandteil des »3D-Cocktails«, der sich in einschlägigen Internetforen reger Nachfrage erfreut. »Have you had the 3D?«, lautet damals die wohl gängigste Frage in den Basislagern der Achttausender. Bei der alpinistischen Elite ist der Cocktail zwar verpönt, die Einnahme von Dexamethason soll aber bis heute besonders bei amerikanischen Teams gängig sein. Viele Kletterer setzen das Mittel prophylaktisch ein – und nicht nur im Notfall, wie vielfach empfohlen.

Kennt man die Geschichte des Dopings am Berg, überrascht nicht, dass auch der Schweizer Ueli Steck, der als einer der besten Kletterer und Höhenbergsteiger der Gegenwart galt, Speed in seiner Bergapotheke hatte. Das nehme er aber nur, wenn es um Leben und Tod geht, sagte er. Auch Diamox gehöre für ihn ausschließlich zur Notfallversorgung. Die meisten der besten Alpinisten äußern sich ähnlich. Dabei ist das Risiko des Konsums nicht unerheblich: Viele Bergsteiger sind an den Folgen von Amphetaminen gestorben, weil sie sich über ihr Limit gepusht haben.

In den vergangenen zwanzig Jahren ist die Palette medizinischer Hilfsmittel noch einmal erweitert worden: Viagra war lange der neue Hit, seit Untersuchungen ergeben hatten, dass der Wirkstoff Sildenafil den Lungendruck senkt und dadurch die Sauerstoffaufnahme verbessert. Aber selbst mit dem Hormonpräparat Epo, das die Bildung roter Blutkörperchen anregt, dürfte am höchsten Berg gedopt werden. So sagte der Tiroler Extrembergsteiger Stephan Keck in einem Interview mit Netzathleten.de: »Epo hilft definitiv [...] Ich bin überzeugt, dass im Höhenbergsteigen gleich viel gedopt wird wie in anderen Sportarten, wenn nicht sogar mehr.« Seltsam, wie stark der Hang zu der Substanz ist, wenn man bedenkt, das unter Bergsteigern wie auch unter Medizinern die Ansichten auseinandergehen, ob Epo wirklich die Anpassung an die Höhe beschleunigt – oder vielmehr zu einer lebensgefährlichen Blutverdickung führt. Der österreichisch-schweizerische Bergsteiger und Arzt Oswald Oelz kommentierte das im Gespräch mit der Deutschen Welle lakonisch mit den Worten: »Jeder soll sich so umbringen können, wie er will.«

Natürlich sind auch Drogen, die in erster Linie der Entspannung dienen, ein großes Thema am Everest. Das fängt mit den Partys im Basislager an, besonders die nepalesische Seite ist dafür bekannt. Wo polnische Partyhäschen herumhoppeln und ein Sherpa angeblich auch mal einen Strip hinlegte, können bewusstseinsverändernde Substanzen kaum weit sein. Bierkisten werden auf Yakrücken hochgeschleppt, Hanfprodukte oft noch in Nepal erworben, andere illegale Substanzen aus Übersee eingeschmuggelt. Bergrausch und Substanzrausch verstärken sich hier nicht selten gegenseitig. Die Berichte über kiffende und saufende Bergführer sind legendär, ein populäres Beispiel ist Scott Fischer, Chef der US-amerikanischen Expedition von Mountain Madness von 1996, aber es gibt zahllose andere den Rauschmitteln zugeneigte Alpinisten, die besonders gern auch in den bekannten Hollywood-Streifen über Everest-Expeditionen verewigt wurden.

Als einer der tragischsten Substanzjünger in der Geschichte des Everest hat sich Constantine Niarchos verewigt. Der Sohn des griechischen Reeders Stavros Niarchos hatte zu viel Geld, um es mal eben so auf den Kopf zu hauen – auf eine Milliarde britische Pfund wurde sein Vermögen taxiert. Er hatte Techtelmechtel mit Koo Stark und Kerry Kennedy. Aber was er eben auch hatte: ein erhebliches Suchtproblem. Der Alpinismus faszinierte ihn wohl ganz ähnlich wie das euphorisierende weiße Pulver aus Südamerika. Wenn er kletterte, setzte er es ab, wenn er zurückkehrte, holte er nach, was ausgefallen war. 1999 schaffte er es auf den Gipfel, zwei Wochen später war er tot. Er hatte zu ungeduldig zu viel konsumiert, oral, weil das Pulver verklumpt war und er sich nicht die Mühe machen wollte, es in der Mikrowelle zu trocknen. Niarchos hatte bei der Obduktion genug Kokain in seinem System, um 25 Männer zu töten. Er wurde nur 37 Jahre alt.

Ob Drogenkonsument oder nicht – natürlich sind es oft die verrückten Charaktere, die der Everest anzieht. Und bisweilen auch die reichlich kaputten. Schon für den Alpinismus als solchen gilt, ähnlich wie für

Marathonlaufen oder Rennradfahren, dass er extreme Persönlichkeiten besonders anzieht. Die Achttausender rufen sie umso mehr auf den Plan: Freaks. Grenzgänger. Tragische und durchgeknallte Typen. Es ist kein Zufall, dass der britische Okkultist Aleister Crowley 1902 Teilnehmer der ersten Expeditionen zum K2 im Karakorum war. Crowley war eine ebenso schräge wie finstere Gestalt, die die europäische Esoterik und den Satanismus geprägt hat. Beim Everest ist die Wahlverwandtschaft zwischen Wahn und Bergsport besonders eng. Denn der Berg, in alpinistischer Hinsicht vergleichsweise leicht, ist zu einer Art Wildcard geworden, zu einem Joker im Bergsport. Ob die Kommerzialisierung nun mehr dazu beiträgt oder nicht, sei dahingestellt.

Geradezu als alpinistischer Psychopath ging Gheorghe Dijmrescu in die jüngere Everest-Geschichte ein. Geboren 1961 in Turcinești, einer kleinen Gemeinde im Südwesten Rumäniens, floh Dijmarescu mit 25 Jahren vor dem rumänischen Diktator Nicolae Ceaușescu. Körperliche Fähigkeiten waren das Mittel zur Flucht: Der damalige Soldat schwamm kurzerhand durch die Donau. Dann schlug er sich durch Ex-Jugoslawien nach Italien durch und siedelte in die USA um, wo er sein Geld zunächst als Bauunternehmer verdiente.

Schon bald machte er am Everest von sich Reden. Bei seinem ersten Versuch 1998, den Gipfel über die Nordseite als unabhängiger Bergsteiger mit einem Permit des nepalesischen Veranstalters Asian Trekking zu erreichen, drehte Dijmarescu auf 7700 Metern um. Doch schon im folgenden Jahr kehrte er als Expeditionsleiter nach Tibet zurück und erreichte erstmals den höchsten Punkt der Erde. Von 1999 bis 2007 feierte Dijmarescu neun Gipfelerfolge in Serie, einmal ohne Flaschensauerstoff. Immer stieg er über den Nordostgrat auf. Im Jahr 2004 rettete er einen fast erfrorenen mexikanischen Kletterer. Mehrfach versuchte sich Dijmarescu vergeblich auch am K2. 2002 heiratete er Lhakpa Sherpa, die erste nepalesische Frau, die den Mount Everest bestiegen hatte und überlebte.

Der US-Autor Michael Kodas erzählt in *Der Gipfel des Verbrechens* die eigene Geschichte seiner Teilnahme an der Connecticut-Everest-Expedition unter der Leitung von Gheorghe Dijmarescu. Es ist eine fast jekyllsche Erzählung einer Verwandlung. Demnach wird der zunächst wohlwollend und charmant wirkende Mann im Laufe der Expedition immer feindlicher und bedrohlicher gegenüber seiner eigenen Frau sowie dem Autor und den anderen Frauen im Team.

In seinem Buch ist ein Foto von Dijmarescu zu sehen, auf dem der Expeditionsleiter mit mehreren Sherpas eine Puja abhält, eine friedliche Zeremonie, um die Götter zu besänftigen. Kodas schreibt auch, schon eher ambivalent, über das Zelt Dijmarescus, das er »Pleasure Dome« nennt, wegen des Biers und der dort verfügbaren Pornohefte, der Weihnachtslichter und der Musik. Je weiter der Bericht fortschreitet, desto mehr tritt Dijmarescu in dem Buch als wütender, aufbrausender und gewalttätiger Typ mit diktatorischen Tendenzen in Erscheinung.

Im tibetischen Basislager kommt es schließlich zum offenen Streit zwischen dem Expeditionsleiter und seiner Ehefrau. Lhakpa Sherpa stürzt aus dem Küchenzelt, einen faustgroßen Stein in der Hand. »Ich will kämpfen«, schreit sie. »Ich bringe diesen Mann um.« Und »ich werde mich scheiden lassen«. Dijmarescu habe sie beschimpft, unter anderem gerufen: »Raus hier, du Dschungelmädchen«, so gibt es Kodas wieder. Er habe der Sherpani einen Schlag mit der Rechten verpasst. Der Reporter schießt Fotos. Dijmarescu ruft: »Hast du alles schön aufgenommen? Ich zertrümmere dir die Kamera auf deinem Schädel!«

Kodas beschreibt, dass er sich von Dijmarescu schließlich so bedroht gefühlt habe, dass er befürchtete, er könne nachts in sein Zelt kommen und ihn angreifen. Der Rumäne droht dem Reporter noch einmal, als sie vor der Abreise gemeinsam essen. Nach seiner Rückkehr nach Connecticut installiert Kodas ein Sicherheitssystem in seinem Haus, weil er wegen der anhaltenden Bedrohung durch Dijmarescu um die Sicherheit seiner Familie fürchtet.

Gheorghe Dijmarescu stirbt im September 2020 im Alter von 58 Jahren an Krebs.

Ein noch viel trefflicheres Beispiel für die Verbindung von Verbrechen und den Geschäften am höchsten Berg der Welt ist Henry Todd. Der Schotte war eine regelrechte Institution am Everest, an Dutzenden großen Expeditionen beteiligt. Todd hat die frühen Gipfelerfolge ebenso erlebt wie die Katastrophe von 1996 und das darauf folgende Anschwellen der Touristenmassen am Berg. Everest-Blogger Alan Arnette schreibt geradezu ehrfurchtsvoll darüber, wie er ihn 2003 trifft:

»Ich hatte das Gefühl, als würde ich mich mit Königen treffen, als Henry hinter einem Schreibtisch, der gleichzeitig ein gewöhnlicher Tisch war, saß und auf einer großen Karte auf Orientierungspunkte entlang der Routen hinauf wies, stolz darauf, über die Geschichte des Everest zu sprechen. Er war großzügig mit seiner Zeit, seinem Wissen und seinem Scotch!«

Aber Todds Vita ist auch von einem langen Abschnitt der Delinquenz geprägt. Jahrzehnte zuvor ist er in den größten Drogenskandal der britischen Geschichte verwickelt. Todd ist verantwortlich für den Verkauf von LSD, das in einem Londoner Keller produziert wird. Er soll dazu beigetragen haben, 15 Millionen Dosen des Halluzinogens herzustellen und den Gewinn auf Schweizer Konten zu überweisen.

Im November 1974 registriert die britische Thames Valley Police eine ungewöhnlich hohe Zunahme an Festnahmen im Zusammenhang mit LSD. Ermittler nehmen die Fährte der Organisationen auf, für die Todd arbeitet. Zu ihnen gehören zahlreiche Überzeugungstäter, die Acid nicht nur für eine probate Geldquelle halten, sondern der Ansicht sind, mit dem Stoff die Welt zu verändern – darunter auch der US-amerikanische Drogenprophet Timothy Leary. Henry Todd beschreiben die Polizeiunterlagen als »groß gewachsener Mann, energiegeladen, verschwiegen, liebt schnelle Autos, intelligent, ein guter Organisator, aufbrausend, kontaktfreudig, Rugbyspieler, interessiert an Bergsteigen, Reisen, gutem Essen und schönen Frauen«.

Operation Julie heißt das Polizeimanöver, im Zuge dessen die Beamten drei Jahre später endgültig zuschlagen. Mehr als achthundert Polizisten verhaften 120 Verdächtigte, entdecken zwanzig Millionen Acid-Päckchen im Wert von hundert Millionen Pfund und 800 000 Pfund auf Schweizer Konten. Todd stellen sie in seinem Landhaus in Hampton Wick vor den Toren Londons. 14 Polizeibeamte dringen in das Anwesen ein. Der Schotte wirkt weder verängstigt noch überrascht.

Der damals »größte Drogenfund der Welt« hätte gereicht, um die Hälfte der LSD-Konsumenten global zu versorgen, heißt es später. Todd bekennt sich in der Mehrzahl der Anklagepunkte für schuldig und wird zu 13 Jahren Haft verurteilt.

Klettern und Kriminelles – für Todd ist das kein Widerspruch. Er ist bereits seit seinem 13. Lebensjahr in den Bergen unterwegs, auch ein

Teil seiner LSD-Einnahmen fließt in das Klettern – insbesondere auf den Klippen von Nordwales ist er in dieser Zeit gern. 1974 reist er nach Leysin in der Schweiz, um mit Freunden der International Mountaineering School zu klettern. Er sucht schon damals ständig nach neuen vertikalen Herausforderungen. Polizeiangaben zufolge hat er noch im Jahr 1976 – Operation Julie ist lange angelaufen – einen Freund auf eine Reise nach Nordkalifornien geschickt, um Routen im Yosemite National Park zu erkunden. Als Scotland Yard hört, dass der kräftige Schotte einen Abgesandten über den Atlantik schickt, um »das Gelände abzuchecken«, lassen sie den Mann bis zum Fuß von El Capitan verfolgen.

Nach der Entlassung wächst Todds Begeisterung für das Bergsteigen noch einmal. 1988 besteigt er gemeinsam mit dem Polen Jerzy Kukuczka die Annapurna. Eine Everest-Expedition mit einer Gruppe im selben Jahr scheitert. Da beschließt er, selbst in das Geschäft am Berg einzusteigen. Erfahrung als Geschäftsmann hat er ja.

»Möchtest du den Mount Everest besteigen, hast aber nicht das nötige Kleingeld? Henry kann das lösen. Brauchst du billige Sauerstoffflaschen? Henry ist dein Mann! Wie ist die Wettervorhersage für 8800 Meter über Normallnull? Frag Henry! Du willst dir in Lager II ein Zelt teilen? Henry!« So schreibt *Outside Online* 2003 über Henry Todd. Der Mann gilt bald als Alleslöser am Everest, vor allem für Leute mit eher kleinem Geldbeutel.

Aus der Sicht echter Abenteuer – und weniger der vielen Wohlbetuchten, denen zum Vorwurf gemacht wird, sich den Berg für viel Geld quasi von Sherpas hinauftragen zu lassen – wird er fast schon eine heldenhafte Figur. »Wenn Sie Ihren eigenen Leib den Hillary-Step hinaufschleppen können und bereit sind, sich von Reis- und Linsensuppe zu ernähren, können Sie mit Henry für nur 29000 Dollar dabei sein«, beschreibt *Outside Online* die Touren, die Todd anbietet. Das Magazin zitiert einen von Todds Kunden, John Leonard, einen 26-jährigen Ranger aus Mount Rainier: »Henry nimmt nicht gerade wenige Leute mit, und die Fahrt ist etwas holprig, aber wenn du dich festhält, wirst du auch ankommen.«

Zunächst organisiert Todd Reisen von Freunden, die mit zahlenden Kunden gemeinsam unterwegs sind. Das Geschäft, das bald Himalayan Guides genannt wird, wächst größtenteils durch Mundpropaganda. Bei der ersten offiziellen Expedition des Anbieters im Frühjahr 1995 erreichen acht Mitglieder des Teams über den Nordgrat den Gipfel. Todds Expeditionen gelten als geradlinige Abenteuer für autarke Typen. Er stellt Basislagerzelte, Köche, Mahlzeiten, komplette Sauerstoffausrüstungen und Genehmigungen zur Verfügung. Obwohl viele Kunden ihre eigenen Sherpas mieten, heuert Todd jede Saison auch einige von ihnen an. Ihre Dienstleistungen werden unter den Teilnehmern geteilt, ebenso wie die Plätze in Zelten, die in höher gelegenen Lagern aufgestellt sind. Geringe Festkosten, keine Arbeitskosten für Bergführer, ausgezeichnete internationale Kontakte und ein immenses Kundenvolumen gelten als sein Erfolgsrezept.

Zudem bietet Todd, ebenso geschäftstüchtig wie pragmatisch, bald auch einzelne Leistungen für andere Teams an, nach dem Baukastenprinzip. So verschickt er an jede Expedition, die dafür fünfhundert Dollar pro Saison bezahlt, alle zwei Tage per E-Mail von seinem Kontakt beim Meteorological Office, dem nationalen Wetterdienst Großbritanniens, aktuelle Wetterdaten. Mit schelmischem Lächeln und finsterem Blick, mit einer Mischung aus Charme und Zähigkeit führt der Ex-Knacki seine Geschäfte. In der Everest-Szene wird er als »Bürgermeister des Basislagers« oder »Gouverneur« bekannt. Einige nennen ihn auch respektvoll »Toddfather«.

Schließlich entdeckt Henry Todd eine weitere, besonders lukrative alpinistische Marktlücke: den Handel mit gebrauchten Sauerstoffflaschen. Bereits Anfang der Zweitausenderjahre wurde der Gesamtumfang des Geschäfts mit Sauerstoffbehältern am Everest auf zwei Millionen Dollar pro Saison geschätzt.

Die Herstellung von Sauerstoffflaschen ist teuer, ihre Überprüfung ebenfalls. Lange hat sich die russische Firma Poisk als der führende Sauerstofflieferant am Everest etabliert. Ursprünglich für Kampfpiloten hergestellt, werden ihre Produkte mit einer Qualitätslizenz für das Klettern hergestellt. Die Behälter werden strengen Tests auf Konstruktion, Ausstattung und den Sauerstoff selbst unterzogen, bevor sie zum Einsatz kommen. Drei Wochen dauert die Prozedur für jede einzelne Flasche. Denn es gibt zahlreiche Gefahrenquellen. Eine davon ist zu viel Feuchtigkeit im Sauerstoff. Eine einfache Überprüfung reicht nicht unbedingt, um dem vorzubeugen. Wird das Problem nicht erkannt, kann das Wasser im Gas am Everest gefrieren – und das System verstopfen.

Todd verfällt also auf eine Geschäftsidee, die gleich noch dem Umweltschutz dienlich ist: Er sammelt die teuren, aber leeren Poisk-Flaschen am Berg ein. Und lässt sie in seinem Labor nachfüllen. Womit? Mit preisgünstigem Sauerstoff aus Indien. Keine Lizenzen, keine Tests – er verkauft Sauerstoff vom Subkontinent in russischen Flaschen. Zum halben Preis.

Das Geschäft läuft. Doch dann beginnen die Probleme. Mehrere Expeditionen hätten fehlerhafte Flaschen gemeldet, schreibt das Portal Explorersweb 2003. »Ich habe sechs Flaschen ausprobiert, bevor ich eine gefunden habe, die funktioniert«, zitiert das Portal den Kunden einer Expedition von 1999. »Jeder Dritte scheiterte«, bekundet demnach ein weiterer Kletterer aus einer anderen Expedition im selben Jahr. Eine dritte Expedition habe bei einem nicht näher bezeichneten Ministerium einen Bericht über den angeblichen »Sauerstoffbetrug« eingereicht.

Explorersweb verweist auf ein Gerichtsverfahren, bei dem es um den Tod von Michael Matthews geht. Der 23-Jährige, Sohn eines Selfmade-Millionärs, war bereits ein erfolgreicher Börsenmakler, als er am 13. Mai 1999 als jüngster Brite den Everest bestieg – aber auf dem Weg hinab drei Stunden später spurlos verschwand. Matthews' Eltern wollen die Umstände geklärt wissen, unter denen ihr Sohn beim Abstieg in einem Schneesturm auf Nimmerwiedersehen verloren ging. Ein britisches Expeditionsunternehmen wird für den Tod des Bergsteigers verantwortlich gemacht. Aber auch die Sauerstoffflaschen, die er verwendete, werden zu einem Thema – geliefert von Henry Todd. Selbst die *Sunday Times* berichtet ausführlich über den Fall Michael Matthews und wirft, wenn auch indirekt, die Frage auf, ob die von Todd zur Verfügung gestellten Behälter zum Tod des Börsenmaklers beigetragen haben.

Das Outdoor-Portal Explorersweb besucht das russische Werk von Poisk, die Reporter hätten dort in die Bücher geschaut. Todd habe Poisk-Flaschen betrügerischerweise als Original-Abfüllungen verkauft, folgern die Journalisten. Zwar seien Flaschen am Everest mit Todd als Hauptlieferant verkauft worden, in den letzten zwei Jahren vor den Vorfällen habe es aber keine Verkäufe von Poisk an den Schotten gegeben. Die Flaschen seien nachgefüllt worden – und möglicherweise nicht ausreichend geprüft.

Unglücklicherweise gibt es ein paar Jahre danach einen weiteren Vorfall, der am Ruhm des Ex-Dealers nagt. Im Jahr 2000 gibt das Kulturministerium in Kathmandu bekannt, dass Henry Todd wegen Verstoßes gegen das Tourismusgesetz für schuldig befunden werde und ihm die Einreise bis 2002 verboten sei.

Dem schottischen Bergsteiger wird vorgeworfen, im Frühjahr desselben Jahres den US-Journalisten Finn Olaf Jones am Everest angegriffen zu haben, nachdem er festgestellt hatte, dass der Amerikaner Berichte an die Website von Discovery TV Channel schickte, in denen er etwas schnodderig als »Everest-Caterer« bezeichnet wurde, der »noch nie auf dem Gipfel gewesen ist«. Jones schrieb auch, dass »jeder, der auf Todds Erlaubnis klettert, unabhängig klettert und wir nicht wirklich ein Team sind«. Nach dem Angriff bestand Jones darauf, aus dem Basislager ausgeflogen zu werden. Er sei zu verängstigt, um seine Arbeit fortzusetzen. »Es war nicht die typische Bergsteigerverletzung, die meinen Everest-Traum beendet hat – es war eine Faust«, wird der US-amerikanische Journalist zitiert.

Todd hatte den Amerikaner mit seinem Unternehmen Himalayan Guides auf der Südwestgrat-Route geführt. Konnte er die Kritik nicht wegstecken? Er habe Jones durch das Lager gejagt und ihn heftig geschüttelt, so der Reporter. Daraufhin sei er gestolpert und habe sich verletzt. Der Journalist floh mit Schnittwunden und Blutergüssen in die Zelte einer anderen Expedition, wo er darauf beharrte, sich zwei Nächte lang zu verstecken. Ärzte bescheinigten ihm aber keinen medizinischen Notfall, deshalb musste er die Kosten für einen gecharterten Hubschrauber nach Kathmandu selber tragen. Als er am 19. Mai dort ankam, reichte er umgehend eine formelle Polizeibeschwerde gegen Todd ein.

»Es sei erwiesen«, so folgert die Behörde in Kathmandu in ihrem Beschluss, »dass Henry B. Todd sich eines Verstoßes gegen das Tourismusgesetz von 1976 schuldig gemacht hat«.

Todd hat allen Vorwürfen immer widersprochen – ob dem, dass seine wiederbefüllten Sauerstoffflaschen zu Unglücken am Berg geführt haben, oder dem, dass er einen missliebigen Reporter verprügelt habe. Tatsächlich, so der schottische Alpinist, habe es – auch aus weiteren Gründen – eine Auseinandersetzung mit dem amerikanischen Journalisten gegeben. Aber das sei, so versicherte er gegenüber *Outside*, nie über einen Schubser hinausgegangen. Jones sei über eine Moräne gestolpert, sagt Todd, und dann gegen eine Wand gefallen, habe sich gequetscht und geschnitten.

Auch mehrere Zeugen weisen die Darstellung zurück, dass der Expeditionsleiter den Journalisten geschlagen habe. Scott Markey, ein kanadischer Arzt und Freund von Todd, erklärte, er habe den Vorfall miterlebt und Jones nach dem Streit Erste Hilfe geleistet. »Die sehr geringen Verletzungen von Finn Jones waren nur eine Folge des Sturzes von Finn, als er vor Henry davonlief«, schrieb Markey in einer Erklärung an das nepalesische Tourismusministerium. »Henry hat Finn auf keine andere Weise physisch geschlagen.«

Was den verunglückten Bergsteiger Michael Matthews angeht, sagt Todd, die Geschichte sei »absoluter Unsinn«. Der junge Bergsteiger sei zu hoch, zu langsam und zu spät am Tag aufgestiegen. »Ihm wurde von fünf oder sechs Personen, darunter einem meiner Kunden und Sherpa, gesagt: ›Hey Mann, du musst umdrehen und runtergehen‹«, so Todd. Er verwies auf andere Ursachen für das Unglück. Zwar könnten unzuverlässige Sauerstoffausrüstung zur körperlichen und geistigen Instabilität eines Kletterers beitragen, aber auch schlechtes Wetter, Müdigkeit und die Unerfahrenheit eines 23-jährigen Börsenhändlers, der seine Grenzen in 8800 Metern Höhe überschreitet. Überdies, so betont Henry Todd, sei sein Geschäft bewährt und geprüft. Menschen, die seinen Service nutzten, gingen große Risiken ein, deshalb könne er es sich nicht leisten, sie im Stich zu lassen.

Tatsächlich blieben die Vorwürfe am Ende nicht mehr als das: Vorwürfe. Und Henry Todd bleibt im Rückblick nicht mehr als eine gerade einmal bedingt umstrittene Figur am Everest. Vielleicht auch weil der Schotte selbst sich nicht als unfehlbar dargestellt hat. Michael Kodas, Autor von *Der Gipfel des Verbrechens*, zitiert Todd, den er 2006 im Basislager trifft, mit den Worten: »Ich bin ein Mensch mit Fehlern. Und auf Menschen mit Fehlern kann man leicht einschlagen.«

Todd sei zwar nie mit seiner Vergangenheit hausieren gegangen, betont der britische Alpinist Alan Burgess gegenüber *Outside*, aber seine gelegentlichen beiläufigen Verweise darauf haben zu seinem Ruf als exzentrisch und hammerhart beigetragen.« Als Leute wie Todd und er damit angefangen hätten, sei Bergsteigen noch ein Nischensport gewesen, so Burgess: »Als ich Anfang der Siebziger in den Alpen war, war das wie ein Lager junger abtrünniger Banditen.« Heute hätten andere am Berg das Geschäft übernommen. Die Kultur habe sich gewandelt. Klettern sei ein Mainstream-Sport.

Was sich dagegen etabliert hat, ist ein System, das der einstige LSD-Unternehmer Henry Todd erfunden hat: Wiederbefüllte Sauerstoffflaschen sind schnell ein Standard am Everest geworden.

14 Zwist

Lange blieb es verhältnismäßig ruhig am Everest. Alljährlich wurden weiterhin bizarre Rekorde aufgestellt. Alljährlich kam es angesichts des zunehmenden Ansturms zu Todesfällen. Aber das Prozedere war immer dasselbe: Jedes Jahr im Frühjahr bereiteten die Sherpas die Strecke zum Gipfel vor, legten Leitern über den Khumbu-Eisbruch, befestigten Fixseile. Dann folgte eine wachsende Zahl kommerziell ausgerichteter Expeditionen.

Doch genau dieser Ablauf wird in der Saison 2013 empfindlich gestört. Und damit das gesamte Gleichgewicht zwischen Einheimischen und internationalen Akteuren am Berg.

Sherpas hätten ihn am Berg umbringen wollen, behauptet der italienische Extrembergsteiger Simone Moro. »Sie kamen zu uns mit der Absicht, uns zu töten. Denn sie sagten, jetzt bringen wir euch um, jetzt bringen wir euch um.« So gibt es *National Geographic* in einem Interview mit dem Alpinisten wieder. Aus einer Hundertschaft aufgebrachter Menschen, größtenteils Sherpas, die das gemeinsame Zelt von Moro, dem schweizerischen Höhenbergsteiger Ueli Steck und dem britischen Fotografen Jonathan Griffith umlagerte, habe sich eine Gruppe gelöst, die sie massiv attackierte. »Einer von ihnen warf Ueli Steck einen großen Stein ins Gesicht und er begann zu bluten. Dann schlugen sie mein Gesicht und dann Tritte und Schläge und Tritte und Schläge. Und Steine und so weiter.«

Die US-amerikanische Alpinistin Melissa Arnot habe sich dazwischengestellt, berichtet Moro, habe ihre Arme um sie gelegt, um sie vor dem tosenden Mob zu schützen, da sie gewusst habe, dass es die Kultur der Sherpa nicht erlaube, eine Frau anzugreifen. Doch die Sherpas hätten gerufen, sie solle aus dem Weg gehen, damit sie weitermachen könnten. Auch ein Taschenmesser sei im Spiel gewesen, das einer nach ihnen geworfen habe. Nur ein Sherpa habe versucht dazwischenzugehen. Sie selbst hätten immer nur »sorry, sorry, sorry« gerufen, sagt Moro. Denn was hätten sie in dieser aussichtslosen Lage sonst tun können?

50 Minuten, so schildert es Moro, habe der Angriff gedauert, dann hätten die Angreifer ihnen ein Ultimatum von einer Stunde gegeben, um ihre Sachen zu packen, andernfalls würden sie getötet. Er, Steck und Griffith hätten alles zusammengerafft und seien ins Basislager hinabgestiegen – nicht auf der üblichen Route, denn dort hätten Sherpas »mit Steinen in der Hand« gewartet, sondern versteckt hinter Eistürmen und durch Gletscherspalten. Mit leichten Verletzungen kamen sie dort an.

Wie konnte es so weit kommen? Es gibt verschiedene Versionen. Sicher ist, dass Sherpas am 27. April in der Lhotse-Flanke kurz unterhalb des auf 7 200 Metern Höhe gelegenen Lagers III Fixseile anbrachten. Es ist eine Arbeit, von der sie genau wussten, dass sie unerlässlich für die Expeditionen am Berg ist, jedenfalls für die Kommerziellen. Aber vor allem ist es ein anstrengender Job: »Das Befestigen der Fixseile ist eine heikle und aufwändige Aufgabe«, erklärt der 30-jährige Tashi Sherpa im Interview mit dem Magazin *Outdoor*. Er war einer jener Sherpas, die an diesem Tag für International Mountain Guides (IMG) auf der Bergflanke arbeiteten. Normalerweise lasse man Seilfixierer allein auf der Flanke, um Störungen und mögliche Verletzungen zu minimieren. »Wir haben alle strikt darauf hingewiesen, nicht dort hinaufzuklettern«, sagt Tashi.

Das europäische Dreierteam wollte an diesem Tag dennoch in diesem Bereich klettern, um es sich in seinem zuvor errichteten Camp hoch oben auf dem Lhotse-Flanke für den geplanten Anstieg auf den Gipfel zu akklimatisieren. Die Mannschaft hatte eine entsprechende Genehmigung – und damit faktisch jede notwendige Berechtigung, um dort unterwegs zu sein. Aber für die Sherpas war dieses Vorgehen ein Problem.

Tashi erinnert sich, dass sie zunächst nur wahrnahmen, dass drei ausländische Kletterer aufstiegen. Sie baten andere Sherpas, sie zu stoppen, weil sie befürchteten, dass Eis von oben herabfallen könnte. Aber die westlichen Bergsteiger seien weitergeklettert. Bei der Kommunikation über Funk habe erst mal auch niemand gewusst, wer die drei eigentlich waren. »Jemand sagte, sie seien Russen und hätten die Erlaubnis, den Lhotse zu besteigen«, so Tashi. Die Sherpas hätten weiter versucht, die Kletterer aufzuhalten, aber die hätten nicht darauf gehört. Einer Version zufolge haben sie zumindest versprochen, vorsichtig zu sein. Jedenfalls setzten sie ihren Weg nach oben fort – »mit unseren Seilen«, sagt Tashi. Erst später habe sich herausgestellt, dass es sich um drei renommierte Kletterer und Guides handelte – Simone Moro, Ueli Steck und Jonathan Griffith.

Was Tashi Sherpa über sie auch wusste, war: Es hatte zuvor ein Treffen aller kommerziellen Teams am Berg gegeben, um die Anbringung der Fixseile zu koordinieren. Die meisten hatten einen Vertreter geschickt – von den drei europäischen Alpinisten war keiner aufgetaucht.

In der Lhotse-Flanke eskalierte die Situation. Nach Tashis Darstellung fiel Eis hinab, als die drei Europäer Mingma Tenzing Sherpa, den Chef der Sherpa-Mannschaft, passierten. Eines der Crewmitglieder wurde demnach getroffen, ein Mann, der für Adventure Consultants arbeitete, er hatte blaue Flecken im Gesicht. Tashi sagt gegenüber *Outside*: »Ich weiß nicht, ob sie das Eis absichtlich gelöst haben oder ob es nur ein Unfall war.«

Die Europäer beteuern dagegen immer wieder, sie seien umsichtig gewesen und hätten kein Eis losgetreten. Moro, der sich von den europäischen Kletterern am meisten zu dem Vorfall ausgelassen hat, stellt die Geschehnisse generell so dar: »Wir haben niemanden gestört, und wir sind schnell im alpinen Stil nach Camp III geklettert.« Moro behauptet gegenüber *National Geographic* auch, die Sherpas hätten ihrerseits Eis auf sie geworfen. Die verschiedenen Darstellungen der Ereignisse gegenüber der Presse klingen ein bisschen wie Kinder, die sich nach einem Streit gegenüber ihren Eltern gegenseitig die Schuld zuweisen.

Dass es bereits in der Flanke, in der die Sherpas die Seile befestigten, zu Tätlichkeiten gekommen ist, bleibt allerdings unstrittig. Steck erklärt, er habe seine Hände einsetzen müssen, um sich zu schützen, als sich ein Sherpa zu ihm abseilte. Tashi behauptet dagegen, Steck sei herbeigestürmt, habe einen Sherpa an der Jacke gepackt und seinen Eispickel auf ihn gerichtet. Moro habe Schimpfwörter von sich gegeben. Moro gibt sogar zu, gesagt zu haben: »Motherfucker, was machst du?« Streck habe seine Eisaxt auf Mingma gerichtet, so stellt es Tashi dar. Und Moro habe fast schon gedroht: »Wir werden sehen. Wir werden mit den verdammten Sherpas sprechen. Wir werden zu ihnen gehen und sehen.«

Jedenfalls habe Mingma, der Chef des in der Lhotse-Flanke arbeitenden Sherpa-Teams, beschlossen, dass sie absteigen sollten. Sie hätten sich gefragt, warum sich die drei ihren Warnungen widersetzt hatten und warum sie unbedingt einen Streit wollten, erinnert Tashi. Dabei seien sie zu dem Schluss gekommen, dass die Europäer sich entschuldigen müssten.

Die Sherpas fühlten sich laut Tashi respektlos behandelt und beleidigt. Sie fanden, dass eine Entschuldigung erforderlich sei, bevor sie weiterkletterten. Nach ihrer Ansicht wurde die Infrastruktur, die sie am Berg errichteten, nicht genug gewürdigt: »Sherpas bringen die Seile an, aber es sind die ausländischen Kletterer, die davon profitieren. Das wissen nicht viele. Es sind Sherpas wie wir, die hart arbeiten, unser Leben riskieren, aber niemals den richtigen Lohn dafür bekommen.«

Sie hätten sich in der Defensive gefühlt, so sagt er es im *Outdoor*-Interview, sie seien in Wahrheit »hilflos« gewesen. Niemand habe in dieser Situation ein gutes Wort für sie eingelegt. Massen von Journalisten seien im Basislager gewesen, Blogger, die quasi zeitgleich über die Auseinandersetzung in der Lhotse-Flanke berichteten. Aber nicht einer sei zu ihnen gekommen und habe sie nach ihrer Sicht gefragt. Sie hätten sich schlicht nicht für die Sherpas interessiert. Selbst der Verbindungsbeamte aus Kathmandu hätte es nicht für nötig befunden, mit ihnen zu sprechen. Die Sherpas fühlten sich verlassen – nicht zuletzt auch von denen, die sie eigentlich zum dem gemacht hatten, was sie waren. Ihr Stolz war verletzt. Das wollten sie nun geradebiegen.

Simone Moro erinnert den weiteren Verlauf des Streits so: Zurück in Lager II seien sie in ihrem Zelt gesessen, als Scharen von Sherpas sich um sie versammelten und Steine warfen. Tashi Sherpa widerspricht auch hier: Es seien nicht hundert Sherpas gewesen – sondern nur das Team, das in der Flanke gearbeitet hatte. Weitere seien »neugierig über die Aufregung« hinzugekommen. Sie seien zum Zelt der Europäer gegangen, um eine Erklärung und Entschuldigung zu bekommen. Doch dann habe ein westlicher Bergführer einen der Sherpas angegriffen, es sei zu einer Schlägerei gekommen. Anderen Berichten zufolge soll ein westlicher Bergführer zuvor einem Sherpa einen Stein aus der Hand geschlagen haben.

Immer wieder erklären die Europäer Moro, Griffith und Steck, sie seien fest überzeugt, dass ihr Leben in Gefahr gewesen sei. Tashi gibt zwar zu, dass Moro von einem Sherpa, dessen Namen er nicht nennt, getreten oder geschlagen wurde, er bestreitet aber, jemand habe gedroht, ihn oder einen anderen zu töten. Tashi sagt im *Outdoor Magazin*: »Wenn die Sherpas sie wirklich hätten töten wollen, wären sie jetzt am Leben?«

Freilich, rau geht es dort oben oft zu. Buddhi Maya Sherpa, die aus der Region stammt und dort Trekkingtouren anbietet, sagt, dass am Berg doch ohnehin ein harscher Ton herrsche. Da seien natürlich »auch ein Paar Rüpel« dabei. Trotzdem verurteilt sie den Streit. »Es gehört sich doch nicht, einen Bergsteiger zu verprügeln.«

Tatsächlich sind am Berg in erster Linie Männer unterwegs, das trifft auf die Sherpas umso mehr zu. Es ist im Wesentlichen eine körperlich anstrengende Angelegenheit.

Simone Moro meint im Interview mit *National Geographic*, dass sich da etwas aufgestaut hat: »Die Welt wurde auch nicht an einem Tag erschaffen«, sagt er über die Ursachen des Streits. »Normalerweise gibt es mehrere Faktoren. Monate, Jahre, Spannungen.«

Aber was genau war das? Nicht nur am Berg, sondern in der ganzen öffentlichen Wahrnehmung würden Sherpas gar nicht stattfinden, klagt Tashi Sherpa. Er verweist auf Dokumentarfilme wie *Into Thin Air* oder *Everest*, in denen die Beteiligten aus seinem Volk quasi ausgeblendet werden. »Dabei sind wir diejenigen, die trotz alle Risiken und Katastrophen dafür sorgen, dass alles glatt läuft am Everest. Das ist unser Leben, unser Einkommen. Nicht nur die Sherpas haben massiv vom Alpinismus profitiert, sondern auch unsere Regierung. Und nicht zuletzt haben die Weißen davon profitiert.«

Die Dinge hätten sich geändert, sagt Simone Moro, seit Hillary und Norgay das erste Mal den Gipfel erreicht haben. Das sei auch ein kultureller Wandel. Es gebe heute viele Sherpas, die das Business gern in ihre Hand nehmen würden. Heute sei alles ein einziges Geschäft, klagt er. Es gebe Neid, Ärger, Konkurrenz. Hinter vielem Lächeln am Berg stecke in Wahrheit reiner Kommerz.

Tatsächlich hat es in der Sherpa-Gemeinschaft einen Generationswechsel gegeben. Viele, die für Expeditionen in den Neunzigern gearbeitet haben, sind heute zu alt, um den hohen körperlichen Anforderungen gerecht zu werden, die die Expeditionen fordern. Gleichzeitig haben zahlreiche Climbing-Sherpas durch Angebote wie das Khumbu Climbing Center in dem Ort Phortse und das jahrelange Klettern neben zertifizierten professionellen westlichen Bergführern nicht nur entsprechende Erfahrung und Kenntnisse, sondern auch eine Zertifizierung der International Federation of Mountain Guides Associations (IFMGA). Von vornherein wurden sie von erfahrenen westlichen Bergsteigern ambivalent betrachtet: Einerseits galten sie durchaus als exzellente Kletterer, andererseits aber auch als oft unqualifizierte Guides. Doch ihre Fähigkeiten verbessern sich jedes Jahr – und damit ihr Selbstvertrauen. Sie fordern, auf Augenhöhe mit den westlichen Bergführern im Einsatz zu sein, als gleichwertig angesehen zu werden. Möglichst genauso bezahlt zu werden wie die Westler, die zwischen 10 000 und 25 000 Euro für eine Saison bekommen. Noch liegen die Honorare der Sherpas zumeist deutlich darunter.

Schon lange ist aber auch – gespeist ganz wesentlich aus diesen Reihen von bergqualifizierten Sherpas – eine neue Generation in Kathmandu ansässiger Expeditions-Unternehmen in das Geschäft eingestiegen. Diese unterbietet mit ihren teils dramatisch niedrigeren Preisen selbst langjährige nepalesische Agenturen. Aber vor allem eben die westlichen Anbieter.

Besonders Simone Moro muss sich nach dem Streit Vorwürfe vonseiten der Sherpas anhören. Sie hätten die ausländischen Kletterer immer respektiert, sagt Tashi Sherpa: »Die Beziehung war die des Vertrauens und der Freundschaft. Aber sie hat nun wegen einer Person einen schlechten Ruf bekommen – wegen Simone.«

Moro wehrt sich immer wieder gegen diese Anwürfe. Er sei keiner, dem man Respektlosigkeit gegen die Sherpas vorwerfen könne, mangelnde Liebe gar. Er komme seit mehr als zwei Jahrzehnten in die Region. Mit seinem Geld habe er eine Schule für knapp vierhundert Sherpa-Kinder errichtet, er habe seinen eigenen Helikopter nach Nepal gebracht, um dort unentgeltlich Menschen in Not zu retten. Er bezahle die Ausbildung für drei Sherpa-Kinder.

Moro weiß auch, dass noch ein anderer Faktor die Situation hat eskalieren lassen. Die Lage am Berg sei immer von Druck geprägt, sagt er im Interview mit *National Geographic*. Wenn in dieser Spannung drei Kletterer kämen, die ohne Seil in einer Stunde zurücklegen, wofür die Sherpas einen halben Tag brauchen, und ihre Hilfe anbieten, dann könne man sich provoziert fühlen. Vor allem aber gibt er auch zu, dass Leute wie er – keine zahlenden Klienten – als schlecht fürs Geschäft gelten: »Wir brauchen keine Helfer. Wir brauchen keine Sherpas. Wir sind neben der Spur des kommerziellen Teils des Everest.«

15 Die Eiskatastrophe

Ein gewaltiger Donner ist zu hören. Die Erde bebt. Ein Sérac, ein Eisturm, groß wie ein Mehrfamilienhaus, bricht an der Westflanke des Everest ab. Er stürzt auf den Hang und zerbricht in Lkw-große Teile, die über den Khumbu-Eisbruch rasen. Dann steigt eine gewaltige weiße Wolke auf.

Rettungskräfte eilen hinauf, andere Bergsteiger. Ein Hubschrauber aus Kathmandu macht sich auf den Weg. 25 Männer sind unter den Eismassen begraben.

Sieben Sherpas werden nach Behördenangaben gerettet. Neun weitere Führer werden verletzt, drei müssen auf der Intensivstation behandelt werden. Doch 16 Menschen kommen an diesem 17. April 2014 um, alle Nepali, die meisten Sherpas.

48 Stunden nach der Katastrophe haben die Helfer 13 Leichen geborgen, ein Helikopter transportiert die Toten zum Entsetzen der Zuschauer im Basislager an einem lang hinabhängenden Seil baumelnd ab. Schließlich werden die Such- und Rettungsaktionen wegen zu hohem Risikos abgebrochen. Eine Woche später kondoliert eine im Helikopter angereiste Regierungsdelegation aus Kathmandu am Unglücksort.

Manche Tote werden nie geborgen. Drei Leichen liegen bis heute achtzig bis hundert Meter tief unter Eis und Schnee begraben. Es ist der schlimmste Kletterunfall in der Geschichte des Everest, doppelt so tödlich wie der berüchtigte Orkan im Mai 1996, bei dem acht Menschen ums Leben kamen.

Bei strahlendem Sonnenschein hatte sich die nepalesische Gruppe am frühen Morgen aufgemacht, um die Südsattel-Route durch den Khumbu-Eisbruch zu präparieren. »Popcorn-Feld« oder »Golden Gate« nennen sie den Bereich auf etwa 8 500 Metern, in dem das

Unglück geschah. Dutzende Sherpas hatten den gefährlichen Streckenabschnitt zuvor passiert, dessen Route jedes Jahr mit dem sich verändernden Gletschereis neu verläuft, doch um 6.45 Uhr brach die Katastrophe los.

Die meisten Opfer stammen aus der Region rund um den Everest, sie hatten für internationale Expeditionen gearbeitet, deren Teilnehmer im Basislager auf den Aufstieg warteten. Es wurde deutlich, in welches Risiko sich die Männer begaben, die dort arbeiteten. Reinhold Messner sprach im Bayerischen Rundfunk von einer Woche Arbeit, die sie für einen Weg benötigten, den man in zehn Minuten zurücklegen kann. Die Gefahr, von einem Eissturz begraben zu werden, war für die Pistenbauer um ein Vielfaches größer als für jene, denen sie den Weg bereiteten.

Im Khumbu-Eisbruch und um ihn herum gibt es zahlreiche, teils riesige Séracs, der gesamte Bereich ist in ständiger Bewegung. Schnell hindurchzukommen ist deshalb die oberste Prämisse. Expeditionsteilnehmer nehmen die Route möglichst früh am Tag, bevor das starke Sonnenlicht und steigende Temperaturen das Eis zum Schmelzen bringen.

Für jenen Abschnitt der Gefahrenstrecke, in den an diesem Tag ein riesiger Klumpen abbricht, gilt das umso mehr. Er ist lange bekannt. Und berüchtigt. Ein Jahr zuvor hat eine Expedition genau wegen dieser Gefahr eine Expedition abgebrochen. Der neuseeländische Bergsteiger Russell Brice, Gründer des Anbieters Himex, zeigte sich besorgt über die Stabilität der dreihundert Meter breiten Eisklippe in der Westschulter des Mount Everest. Was, wenn sie einstürzte? »Wenn ich sehe, dass sich ungefähr 50 Menschen gleichzeitig unter der Klippe bewegen«, sagte er, »macht es mir Angst.« Einige seiner erfahrensten Sherpas, normalerweise äußerst stoische Männer, so Brice, sprachen ihn darauf an. Die Bedingungen ließen sie um ihr Leben fürchten. Einer von ihnen brach in Tränen aus, als er das gestand.

Am 7. Mai 2012 machte Brice eine Ankündigung, die die meisten der tausend Menschen, die am Fuß des Everest versammelt waren, schockierte: Er zog alle seine Bergführer, Kunden und Sherpas vom Berg ab. Er wies sie an, Zelte und Ausrüstung zusammenzupacken – und sich auf den Weg nach Hause zu begeben. Es hagelte Kritik, nicht nur von Brices Klienten, die ihre Gipfelträume zumindest für diese Saison begraben mussten – und die im Voraus bezahlten Reisekosten nicht erstattet bekamen. Sondern auch von vielen Konkurrenten. Viele Expeditionsanbieter waren irritiert. Sie hielten seine Maßnahmen für hysterisch. Der Ruf von Himex litt, auch wenn das Unternehmen 2014 auf die Südseite des Everest zurückkehrte.

Die Himex-Mannschaft wurde damit Zeuge einer Katastrophe, die ihr Gründer vorausgesagt hatte – aber kaum jemand hatte wahrhaben wollen. Laut Jon Krakauer löste sich der gigantische Eiskeil von genau derselben Eiswölbung, die Brice 2012 so sehr erschreckt hatte, dass er den Everest verließ. Der Bergsteiger Alan Arnette bemerkt, diese Eisklippe sei nicht nur seit Jahren eine bekannte Gefahr gewesen – fast in jeder Saison sei von ihr Eis in den Khumbu-Eisbruch gestürzt. »2012 hat es viele Kletterer nur knapp verfehlt.«

Dabei sind für die Kunden der Everest-Expeditionsanbieter die Chancen, den Gipfel zu erreichen, zuletzt gestiegen. Schaffte es zwischen 1990 und 2005 knapp ein Drittel der Bergsteiger in der Hauptsaison beim ersten Versuch, so waren es zwischen 2006 und 2019 etwa zwei Drittel. Die Todesrate blieb in beiden Zeitperioden ähnlich und lag um etwa ein Prozent. Das geht aus den Daten der Himalaja-Datenbank hervor.

Die Gründe für die gestiegenen Erfolgschancen sind einer Studie der University of Washington in Seattle zufolge bessere Wettervorhersagen, die es Bergsteigern erlaubten, exakte Zeitfenster für den Gipfelvorstoß zu finden. Zudem nutzten die Kletterer mehr Sauerstoff aus Flaschen – und zwar auch bereits ab geringerer Höhe. Außerdem gibt es den Autoren der Studie zufolge auf den gängigen Routen mehr Fixseile. Zum größeren Erfolg könne auch die größere Erfahrung der Helferteams, die die Alpinisten den Berg hinaufführen und ihr Gepäck tragen, beitragen.

Es sind also zu einem erheblichen Anteil die Sherpas, die dafür sorgen, dass die Chancen für Klienten am Berg wachsen. Nur: Ihre eigene Sicherheit nimmt damit nicht zu. So schleppen sie zwar immer mehr Sauerstoffflaschen hinauf – werden aber selbst nicht mit annähernd so viel künstlichem Sauerstoff in Flaschen versorgt, weil die Anschaffung der Flaschen wie auch deren Transport und Lagerung auf dem Berg zu teuer sind. Sherpas erhalten übrigens auch das Mittel Dexamethason, das gegen die Höhenkrankheit helfen soll, fast nie prophylaktisch – ganz anders als viele westliche Expeditionsteilnehmer. Bis 2018 sind laut der Himalaja-Datenbank in mehr als einem Jahrhundert 290 Menschen beim Aufstieg auf den Everest ums Leben gekommen. Etwa ein Drittel, 94, waren Sherpas.

Denn sie sind bis heute für alle harten und riskanten Jobs zuständig. Sie tragen das Risiko. Durch ihren Einsatz verringern die – zumindest 2014 noch – weit überwiegend von Ausländern geführten Expeditions-Unternehmen die Gefahren für ihre westlichen Bergführer und Mitglieder, deren Rucksäcke selten viel mehr als eine Wasserflasche, eine Kamera, eine zusätzliche Jacke und ein Lunch-Paket enthalten. Die Sherpas schleppen deren Ausrüstung den Berg hinauf – und auch durch die ständig knarrende, brechende und sich verändernde Gletscherfläche des Khumbu-Eisbruchs. Sie installieren Aluminiumleitern über Gletscherspalten, spannen und verankern Hunderte von Metern Fixseile – alles Arbeiten an den gefährlichsten Stellen am Berg. »Ohne Sherpas könnten 98 Prozent der Menschen, die den Everest besteigen, es nicht tun«, sagt die deutsche Bergsteigerin Billi Bierling. »Die Sherpas arbeiten als Guides und Träger, weil sie keine andere Möglichkeit haben, Geld zu verdienen«, meint Bergsteiger Apa Sherpa. »Sie leisten die ganze harte Arbeit und sie waren die Einzigen, die in diese Tragödie verwickelt wurden.«

War es bereits im Vorjahr in der Lhotse-Flanke und in Lager II zum Streit zwischen Sherpas und Westlern gekommen, bei dem ganz offensichtlich auch die Frage eine Rolle spielte, wie weit die Sherpas materiell und immateriell für ihre harte und riskante Arbeit belohnt werden, so stand dieses Thema jetzt umso mehr im Fokus.

Wenn auch nicht zum allerersten Mal. Schon in den Zwanzigerjahren hatten sich die Sherpas bessere Löhne erkämpft. Bekannt ist etwa, dass sie 1930 einen Prozess gegen eine deutsche Expedition anstrengten, weil sie sich unterbezahlt fühlten. 1929 forderten sie, dass alle, die als Hochgebirgsträger arbeiteten, deutlich besser entlohnt wurden als lokale Träger aus Tibet, die nur weiter unten am Berg eingesetzt wurden. 1933 gab es bereits einen ersten Streik. Die am Berg tätigen Sherpas legten die Arbeit nieder – schlechte Verpflegung und unangemessene Toiletteneinrichtungen im Basislager waren die Gründe. 1935 insistierten sie, dass sie erst in hohen Lagen überhaupt Gepäck tragen sollten. Überliefert ist auch, dass sie 1953, im Jahr der Erstbesteigung durch Hillary und Norgay, in Kathmandu in einer Garage übernachten sollten, während die Briten in der Botschaft residierten. Daraufhin pinkelten die indignierten Sherpas kurzerhand vor das Botschaftsgebäude. 1963 erstritten sie sich Schlafsäcke in derselben Qualität wie die ihrer Auftraggeber. 1972 kam es erneut zu einem Streik am Basislager. Mit Erfolg forderten sie, der deutsche Expeditionsführer müsse über Kathmandu nach Europa zurückfliegen, um dort mehr Ausrüstung für sie zu beschaffen.

Damals wie 2014 ging es für die Sherpas vor allem um die Abwägung zwischen Risiko und Bezahlung. Heute verdient ein Climbing-Sherpa, also einer von den Sherpas, die oben am Berg unterwegs sind, etwa sechstausend Euro pro Saison. Das ist nicht wenig Geld in einem der ärmsten Länder der Welt. Der durchschnittliche Nepali verdient ungefähr siebenhundert Euro pro Jahr. Andererseits wird ein westlicher Führer mit achtzehntausend bis dreißigtausend Euro für einen Everest-Aufstieg auf der Südseite entlohnt. Er ist aber, anders als ein Climbing-Sherpa, häufig für die gesamte Logistik verantwortlich – von der Gehaltsabrechnung der Mitarbeiter über Rettungseinsätze, medizinische Versorgung, Koordination und die Kontrolle der Teilnehmer bis hin zum Einsatz von Sherpas, Köchen und anderen Arbeitern auf und am Berg.

Die meisten sogenannten Climbing-Sherpas stammen aus Familien, in denen Klettern Tradition ist, seit der Kindheit kennen sie Erzählungen über den Wohlstand, der mit dieser Arbeit verbunden ist. Aber sie kennen auch Berichte über die Katastrophen. Vor allem haben sie relativ wenige andere wirtschaftliche Möglichkeiten. Zwischen 350 und 450 Sherpas arbeiten jedes Jahr in der Klettersaison am Everest. Der weit überwiegende Teil gehört tatsächlich zur Volksgruppe der Sherpa, die zu einem Synonym für die Arbeiter am Berg wurde.

Unmittelbar nach dem Unglück sind fast alle, die auf der nepalesischen Seite des Everest kletterten, in das Basislager zurückgekehrt, Sherpas wie westliche Kletterer. Doch es gab einen Unterschied: Für die ausländischen Teilnehmer bedeutete es jetzt nach Hause zu gehen, dass sie den größten Teil oder auch die gesamte Summe, die sie für die Expedition investiert hatten – in der Regel zwischen fünfzig- und neunzigtausend Euro – verloren. Für die Sherpas aber, die die geführten Aufstiege überhaupt ermöglichten, war es relativ gesehen ein noch größeres wirtschaftliches Opfer, jetzt, nachdem sie für nur wenige Wochenlöhne im Einsatz gewesen waren, aufzuhören. Zumal sie mit dem Verdienst ihren Lebensunterhalt bestritten.

Vier Tage nach der Tragödie erwiesen Hunderte Sherpas in Kathmandu ihren tödlich verunglückten Kollegen mit einer Trauerprozession die letzte Ehre. Mönche begleiteten den Trauerzug, bei dem die Särge von sechs Opfern auf Pritschenwagen mitgeführt wurden. Fünf Tage nach dem Unglück traten sie in den Streik. »Wir haben nach einer langen Sitzung an diesem Nachmittag beschlossen, zu Ehren unserer gestorbenen Brüder unsere Bergtouren einzustellen«, sagte Bergführer Tulsi Gurung am 22. April im Basislager. »Alle Sherpas stehen hinter dieser Entscheidung.« Für viele sei es unmöglich weiterzuklettern, erklärte der Bergsteiger Dorje Sherpa. Solange drei ihrer Freunde im Schnee begraben liegen, könne er sich nicht vorstellen, über sie hinwegzugehen. »Aus Respekt vor ihnen können wir nicht weitermachen.«

Zuvor hatten die nepalesischen Bergführer der Regierung Forderungen gestellt, um ihre Situation zu verbessern. Vierzigtausend Rupien, rund dreihundert Euro, hatte Kathmandu den Angehörigen der Toten als Entschädigung geboten – was viele Sherpas empörte. Auch die Nepal Mountaineering Association hatte den Satz abgelehnt und angekündigt, die Arbeit werde eingestellt, wenn Familien von Toten, Verletzten und Vermissten vom Staat keine Entschädigung in Höhe von zehntausend Dollar gezahlt würde. Sie forderte außerdem die Verdoppelung des verpflichtenden Versicherungsschutzes auf zwanzigtausend Dollar. Tatsächlich war der Versicherungsschutz, den westliche und nepalesische Anbieter für die am Berg arbeitenden Sherpas bieten mussten, bereits im selben Jahr angehoben worden. Der Umfang hatte zuvor bei viertausend Dollar gelegen.

Die Bergsteiger verlangten zudem, ein Denkmal für die Toten in Kathmandu zu errichten und die Übernahme der Arztrechnungen für die Opfer durch die nepalesische Regierung. Auch sollten die führenden Unternehmen den Sherpas ihren Lohn zahlen, selbst wenn diese den Rest der Klettersaison absagten.

Dreihundertfünfzig Bergführer sollen schließlich dafür gestimmt haben, den Betrieb am Everest für die Saison einzustellen. Auch fast alle Expeditionen hatten bis zum 24. April beschlossen, ihre Kletterpläne aufzugeben. Von sechshundert Bergsteigern, die sich vor der Lawine im Basislager befanden, waren nur noch vierzig oder fünfzig dort.

Doch manche konnten es nicht lassen. Die erste Person, die den Gipfel nach dem Unglück erreichte, war die chinesische Geschäftsfrau Wang Jing zusammen mit fünf Sherpas am 3. Mai 2014. Den Khumbu-Eisbruch hatte sie mit einem Hubschrauber umgangen, der sie auf 6400 Metern abgesetzt hatte. Wer in der Saison nach der Tragödie am Eisbruch unterwegs war, wo allenthalben Trauer über die Opfer und Wut über die Missachtung der Leistung der Sherpas durch die Öffentlichkeit herrschte, der konnte nur Worte der Verachtung über Wangs Gipfelbesteigung hören. Manche Sherpas wünschten ihr gar den Tod.

Der Umfang der Lebensversicherung für am Everest arbeitende Sherpas wurde schließlich auf 15000 Dollar angehoben. Die nepalesische Regierung kündigte zudem an, die Familien der Toten mit weiteren rund fünftausend Euro auszustatten. Die Auszahlung begann im Dezember 2014. Die Hinterbliebenen mussten allerdings einen erheblichen Weg auf sich nehmen, um die Unterstützung zu erhalten: Eine persönliche Reise nach Kathmandu war erforderlich, um in der fernen Hauptstadt die Unterlagen vorzulegen.

16 Die neue Generation der Sherpas

Im Frühjahr 2020 verhinderte die Pandemie alle alpinistischen Vorhaben auf der Südseite des Mount Everest. Es war erwartet worden, dass der Berg ähnlich stark frequentiert sein würde wie in der katastrophalen Saison im Vorjahr. Doch dann erließ die Regierung in Kathmandu ein Verbot, ihn zu besteigen. Auf der Nordseite war es nur eine einzige wissenschaftliche chinesische Expedition, die hinaufdurfte.

Die Expeditionsanbieter wichen aus. Im Fokus stand bald der K2. Kurz nach dem Jahreswechsel 2021 strömten immer mehr Expeditionen hinauf. Das Ziel dort war ein neuer Rekord: die erste Winterbesteigung. Nicht vollständig ernst gemeint wurde bereits die Frage diskutiert, ob der Berg im pakistanischen Karakorum zum zweiten Everest werden könnte.

Im Januar 2021 hatten sich 60 Bergsteiger zu dem Gipfel aufgemacht, der als äußerst anspruchsvoll gilt und 1954 erstmals von einem italienischen Team bezwungen wurde. Seven Summit Treks, ein von vier Sherpa-Brüdern in Kathmandu betriebener Expeditionsanbieter, war bald mit dem größten Team auf dem Weg ins Basislager – 45 Personen insgesamt, 26 davon Kunden. Weitere nepalesische Teams wollten den Gipfel erreichen, manche hatten bis zuletzt mit recht wenig Erfolg per Fundraising nach Sponsoren gesucht. Ein kleines pakistanisches Team begleitete den isländischen Bergsteiger John Snorri Sigurjonsson, der später verunglückte.

Natürlich waren die Chancen, dass der K2 ernsthaft zu einer langfristigen Alternative zum Everest werden würde, von vornherein gering. Nicht nur wegen der weitaus größeren technischen Schwierigkeiten, sondern auch, weil sich in Pakistan nicht – wie am welthöchsten Gipfel – seit Jahrzehnten eine bergsteigerisch-touristische Infrastruktur entwickelt hat. Aber die Chancen für die Teams, den

Berg tatsächlich erstmals im Winter zu erklimmen, wurden von Anfang an als gut taxiert. Und das trotz der erheblichen Winde, die am Berg herrschen, einer extrem steilen, oft gefrorenen Oberfläche. Und vor allem: extrem niedriger Temperaturen.

So gelang die erste Winterbesteigung schließlich – und sie war ein Erfolg für die Sherpas. Am 16. Januar 2021, um exakt 17 Uhr Ortszeit, standen zehn Nepali erstmals im Winter auf dem K2. Neun von ihnen waren Sherpas, der zehnte der bekannte Alpinist Nirmal »Nims« Purja vom Volk der Gorkha. Von vornherein wurde dieser Erfolg als ein gemeinschaftliches Ereignis präsentiert: Niemand weiß, wer von den zehn, ursprünglich Mitglieder mehrerer Teams, den ersten Schritt gemacht hat. Denn kurz unter dem Gipfel seien sie angehalten, dann erst, so sagten alle Beteiligten später, seien sie gemeinsam hinaufgetreten.

Auf dem Berg sangen die zehn Nepali gemeinsam die Nationalhymne ihres kleinen Himalajastaates. Und auch in den folgenden Interviews betonten alle Gipfelstürmer immer wieder den gemeinsamen Erfolg. Nur Teamwork habe es möglich gemacht, dies sei das beste Beispiel für Zusammenarbeit am Berg, sagte Sona Sherpa von Seven Summit Treks. Ohne die anderen hätte er es niemals geschafft, es hätte ihn aufgebaut und motiviert, mit den anderen Sherpas zu klettern. Selten hätten die Sherpas ihre Träume wahrgemacht, so Sona Sherpa, obwohl sie auf den höchsten Bergen so stark seien. Doch in diesem Winter sei ein Traum in Erfüllung gegangen. Für die Sherpas war der Gipfelerfolg offensichtlich eine Genugtuung. Eine Stärkung des kollektiven Selbstbewusstseins.

Nims Purja war es bereits 2019 gelungen, alle 14 Achttausender in der Rekordzeit von nur sechs Monaten und sechs Tagen zu besteigen. Damit brach er den Rekord, der bei mehr als sieben Jahren gelegen hatte. *Project Possible* nannte er das Unternehmen, es wurde in dem 2021 veröffentlichten Film *14 Peaks: Nothing is Impossible* verewigt: Zentrales Thema ist auch hier die wachsende Bedeutung der Sherpas im Alpinismus, ihre Etablierung als international anerkannte Bergsteiger. Everest-Legende Reinhold Messner hat Nims' Rekord mehrfach gewürdigt.

Der Weg zu diesen Erfolgen begann mit der Unterstützung der Sherpas für alle großen Expeditionen, die sich seit einem Jahrhundert vor allem den Everest hinaufwälzen. Er führte über Tenzing Norgay, der – aus welchen Gründen auch immer – »nur« der zweite Mensch auf dem Everest war. Nach dem Neuseeländer Edmund Hillary. Aus Trägern wurden Climbing-Sherpas, Ice Fall Doctors, die die Strecke sichern, und versierte Bergführer. Aber vor allem haben sich zahllose Sherpas international als anerkannte Alpinisten etabliert.

Wer die Liste mit denen studiert, die am häufigsten auf dem Mount Everest standen, liest zeilenweise nur »Sherpa«. Erst auf Platz elf findet sich mit dem US-Amerikaner Dave Hahn, der 15-mal oben war, jemand, der nicht aus der kleinen Volksgruppe vom Fuß des Everest kommt.

Besonders bekannt ist Kami Rita Sherpa, der Mann, der mit 25 Gipfelbesteigungen den Everest-Rekord hält. Geboren am 17. Januar 1970, wuchs er in dem vergleichsweise ursprünglichen Ort Thame in Khumbu auf, der auch die Heimat anderer bekannter Sherpas ist, etwa von Tenzing Norgay. Er lebte mit seiner großen Familie in einem Haus mit nur einem Zimmer. In seiner Jugend soll Kami Rita Sherpa erwägt haben, Mönch zu werden, und einige Zeit im Kloster Thame Dechen Chokhorling verbracht haben, sich jedoch entschieden haben, dieser Berufung nicht nachzugehen. Laut seinem Bruder soll er als Koch am Everest angefangen haben, anderen Quellen zufolge transportierte er bereits als zwölfjähriger Träger Ausrüstung zum Everest-Basislager.

Mit 24 Jahren stand Rita Sherpa das erste Mal auf dem Everest. Außerdem hat er den Lhotse einmal, den K2 einmal, den Manaslu zweimal und den Cho Oyu achtmal bestiegen. Er ist auch der einzige Mensch, der 36-mal auf mehr als 8 000 Meter hohe Gipfel kletterte. Seit Mai 2018 hält er den Rekord für die meisten Anstiege zum Everest. Zuletzt war er am 21. Mai 2019 als leitender Kletterführer einer Expedition von Seven Summit Treks zum 24. Mal auf dem Berg und übertraf damit seinen eigenen Rekord. Bis zum Vorjahr soll Rita Sherpa immerhin rund zehntausend Dollar mit jedem Everest-Aufstieg verdient haben.

Neben Kami Rita Sherpa ist besonders Apa Sherpa ein bedeutender Alpinist aus dem Volk aus Khumbu. Apa Sherpa wurde, ebenfalls in Thame, am 20. Januar 1960 als Lhakpa Tenzing Sherpa geboren. Sein

Vater starb, als er zwölf war, Apa musste nun die Familie ernähren. Er brach die Schule ab und verdiente das Geld für seine Mutter, zwei Schwestern und drei jüngere Brüder als Träger und Koch am Everest. 1985 begann er zu klettern, 1990 stand er erstmals auf dem Gipfel, gemeinsam mit Edmund Hillarys Sohn Peter Hillary. Apa, der auch den Spitznamen »Super Sherpa« trägt, schätzt, dass er ungefähr tausendmal den Khumbu-Eisfall durchquert hat. Mit der Eco-Everest-Expedition 2011 machte er im Mai 2011 seinen 21. Mount Everest Gipfelaufstieg – dann zog er sich zurück.

Ein anderer Sherpa, der für seine zahlreichen Aufstiege bekannt ist, ist Phurba Tashi Sherpa. Wie Apa Sherpa stand auch er 21-mal auf dem Everest, außerdem fünfmal auf dem Cho Oyu, zweimal auf dem Manaslu und je einmal auf Shishapangma und Lhotse. Zuletzt hat er im Mai 2013 als Teammitglied von Kishan Rai Mountain Experience den Gipfel des Everest erreicht. Das Erdbeben von 2015 erschütterte sein Heimatdorf Khumjung in Khumbu. »Alles, wofür ich gearbeitet habe, wurde in einer Minute zerstört«, sagte er nach dem Verlust seiner Trekking-Lodge und massiven Schäden am eigenen Haus. 2016 und 2018 blieb er im Basislager und arbeitete für Himex, das Unternehmen des Neuseeländers Russel Brice.

Viele bekannte und wohlhabende Bergsteiger aus dem Volk der Sherpa haben in den vergangenen Jahren die Erkenntnis artikuliert, dass es Alternativen zum Alpinismus gibt. Für sie selbst wie für ihre Nachkommen. Der Berg ist nicht alles, diese Erkenntnis ist natürlich auch eine Frage der Bildung. So arbeitete Apa Sherpa, schon während er noch auf Expeditionen ging, für ein Zerspanungs- und Spritzgussunternehmen in Salt Lake City, im US-Bundesstaat Utah, wo er mittlerweile mit seiner Familie lebt. Auf die Frage, warum er aufgehört habe, erwiderte er: »Ich muss meine Familie glücklich machen. Jedes Mal, wenn ich gehe, machen sie sich Sorgen.«

2009 hat er die Apa Sherpa Foundation gegründet, die sich der Verbesserung der Bildung und der wirtschaftlichen Entwicklung in Nepal widmet. Nachdem er jahrelang als Bergführer gearbeitet hat, wolle er, dass junge Menschen andere Karrieremöglichkeiten haben. Mit einer Ausbildung hätten sie die Wahl – und seien nicht gezwungen als Träger oder Bergführer zu arbeiten. Sein Ziel sei es, der jüngeren Generation die Möglichkeit zu geben, zur Schule zu gehen. Damit sie nicht klettern müssen.

Für andere, die ihr ganzes Leben und ihre Karriere am Berg geführt haben, ist es nicht so leicht, umzusatteln. Kami Rita Sherpa etwa lebt heute mit seiner Frau Lakpa Jangmu und zwei Kindern in Kathmandu. Er hat dafür gesorgt, dass seine Kinder eine Ausbildung erhalten, die es ihnen ermöglicht, Berufe zu wählen, die weniger gefährlich sind als seiner. Noch 2018 sagte seine Frau dem *Independent*, sie wünschte, ihr Ehemann würde sich vom Bergsteigen zurückziehen. »Ich sage ihm immer wieder, wir könnten nach anderen Jobs suchen und ein kleines Unternehmen gründen«, so Lakpa Jangmu, »aber er hört mir überhaupt nicht zu«.

17 Die Expeditions-Wirtschaft

In den Anfängen war Bergsteigen am Everest eine exklusive Angelegenheit: ein Vorhaben im Rahmen nationaler Expeditionen und wissenschaftlicher Projekte, dann eine Sportart für Mitglieder alpiner Vereine. Für die Bergsteiger selbst war der Himalaja jahrzehntelang eine schwer zu erreichende Weltregion. Die Regierungen von Nepal und Tibet verweigerten den meisten ausländischen Alpinisten den Zugang zu den höchsten Gipfeln. Noch in den Achtzigern war die Faustregel, dass eine Everest-Genehmigung pro Saison ausgestellt wird. Alpinisten mussten sich für mehrere Jahre in eine Schlange von Wartenden einreihen, um einen Platz bei einer Expedition zu bekommen. »Für den Everest konntest du immer eine Erlaubnis bekommen, aber du musstest von der Kletteragentur deines Landes gesponsert werden«, beschreibt Todd Burleson, Gründer des Expeditionsanbieters Alpine Ascents International, in der *Washington Post* die Situation.

Doch Anfang der Neunziger änderte sich alles. Immer mehr qualifizierte Alpinisten tauchten am Everest auf, um Zugang zum höchsten Gipfeln zu bekommen. Viele von ihnen suchten nach individuellen Lösungen. Schnell witterten Expeditionsunternehmer ein Geschäft: Irgendwie mussten diese Leute auf den Berg gebracht werden.

Gleichzeitig ließen die internationalen Spannungen nach. China steuerte in eine wirtschaftliche Modernisierungsphase, Beijing erkannte die Chance, ausländische Dollars zu generieren, und begann, mehr Genehmigungen zu erteilen. Dass Nepal nachzog und ebenfalls das Verfahren für Permits erleichterte und mehr Bergsteiger ins Land ließ, soll auch dem Einsatz der ersten westlichen Expeditionsanbieter geschuldet sein. Dazu gehörten etwa Adventure Consultants aus Neuseeland und Mountain Madness aus den USA, deren Engagement in der Katastrophe von 1996 mündete.

Nicht mehr als zehn Kunden hatten viele der frühen kommerziellen Anbieter, unterstützt von bis zu vier Führern und Sherpas, die Fixseile anbrachten und Ausrüstung schleppten. Die intensive Versorgung war entsprechend teuer – dennoch überstieg in dieser Phase die Nachfrage das Angebot der meist westlichen Reiseleitungen.

Und die Zahl der Gipfelerfolge wuchs schnell. War es zuvor ein Erfolg gewesen, wenn ein Mitglied einer Expedition es hinauf geschafft hatte, so erklommen die Teilnehmer nun in Scharen den höchsten Punkt. Das erste Mal waren 1993 mehr als hundert Menschen in einer Saison auf dem Berg. Leute mit einer gut ausgestatteten Brieftasche stellten jetzt fest, dass sie eine reelle Chance hatten, den Mount Everest zu besteigen, wenn sie einen professionellen Bergführer und Sherpas als Unterstützung einstellten.

Das Business mit den Aufstiegen wurde immer attraktiver. Bis Mitte der Zweitausender hatten Dutzende westlicher Führer Expeditionsfirmen gegründet. Betreiber wie Adventure Consultants und Mountain Madness, Alpine Ascents, Jagged Globe, Himalayan Experience, International Mountain Guides und andere haben bis heute Hunderte Alpinisten für Tarife zwischen 45 000 bis 70 000 Euro auf den Gipfel gebracht. In Europa bekannter sind Kobler & Partner und heute auch Furtenbach Adventures, ein relativer Newcomer am Markt. Auf der Südseite des Mount Everest flossen die Dollars. Deshalb flankierten die Ministerien in Kathmandu nun die Entwicklung. Der Bergsport wurde eine unerlässliche Geldquelle für Nepal.

Schon früh waren angesichts des Ansturms auf den Berg die ersten Unternehmen aufgetaucht, die Expeditionen zu besonders niedrigen Preisen anboten. Bald gründeten auch die ersten Sherpas in Kathmandu Agenturen. Über die Jahre wuchs ihre Zahl. Und ebenso die Konkurrenz zwischen westlichen Anbietern und nepalesischen Unternehmen. In den letzten Jahren hat sie sich noch einmal zugespitzt.

Von Nepali geführte Unternehmen berechnen oft nur 40 000 Euro für ein Ticket auf den Gipfel, fast die Hälfte des gängigen Tarifs der westlichen Konkurrenz. 2019 bot Seven Summit Treks seine Everest-Expedition für nur 28 000 Dollar an. Zuletzt offerierte das Unternehmen aus Kathmandu Touren für 35 000 Dollar. Mit solchen Kampfpreisen setzen sie auch auf eine relativ neue Klientel: Zu ihren Kunden zählen besonders viele Chinesen und Inder. Zudem verhandeln fast alle nepalesischen Reiseführer ihre Preise. Sie gewähren Rabatte, ganz anders als die meisten ausländischen Betreiber. »Unsere Preise sind immer verhandelbar, je nach den Anforderungen der Teilnehmer an die Dienstleistungen«, sagt Mingma Sherpa, Geschäftsführer von Seven Summit Treks. »Wir haben verschiedene Kategorien von Dienstleistungen und die Preise variieren je nach Dienstleistungen.«

Manche westliche Kritiker, aber auch einzelne Konkurrenten werfen den nepalesischen Unternehmen vor, dass sie ihre Mitarbeiter unterbezahlten. Nur so könnten sie so günstige Anstiege anbieten. Sie werden auch besonders oft dafür verantwortlich gemacht, dass der Berg so überlaufen ist. Denn während westliche Anbieter ihre Gruppen in der Regel auf rund 20 Kletterer beschränken, führt etwa Seven Summit Treks, als prominentestes Beispiel, bis zu hundert Kletterer pro Saison auf den Berg. Ein weiterer gängiger Vorwurf ist, dass sie ihre Expeditionen schlicht nicht ausreichend ausstatteten – von Wetterdaten bis hin zu Sauerstoffflaschen.

Außerdem hielten sie Standards nicht ein. So kontrollierten sie nicht, ob die Teilnehmer für den Aufstieg genug Erfahrungen und Kenntnis mitbrächten – oder ließen sich mit gefälschten Zertifikaten zufriedenzustellen. Tatsächlich schreibt Seven Summit Treks auf seiner Website, dass jeder mit einer »starken wirtschaftlichen Basis als Ausgleich [für Alter oder Angst vor Risiken]« bei einer Everest-Expedition dabei sein könne. »Sie haben das Geschäftsmodell gesprengt«, sagte jüngst Everest-Blogger Alan Arnette gegenüber dem Magazin *The Hustle*.

Aber Kritik ist oft wohlfeil: Gleichzeitig lässt sich auch unschwer bei mehreren westlichen Anbietern nachlesen, dass es nicht viel mehr braucht, um den Gipfel zu erklimmen, als starke Willenskraft und ein leicht überdurchschnittliches sportliches Vermögen, dass dann »nur noch« für zwölf Monate hart trainiert werden muss und vielleicht an ein, zwei Wochenenden mit einem Profi im Schnee Höhenbergsteigen geübt werden muss. Natürlich, die sogenannten Qualitätsanbieter verlangen auch einen Nachweis über erhebliche Erfahrungen an relevant hohen Bergen – aber vor allem eben: einen dicken Geldbeutel, um an einer Everest-Expedition teilzunehmen.

Ob mit westlichen oder mit nepalesischen Anbietern, bis heute ist es in jedem Fall kein billiges Unterfangen, auf den Everest zu steigen. Und es wird – allen Billigangeboten zum Trotz – immer teurer. 2021 wurden die Preise noch einmal signifikant angehoben. Sowohl die etablierten internationalen Betreiber als auch die nepalesischen Unternehmen haben die Schraube weiter hoch gedreht. Der Preisunterschied zwischen westlichen und nepalesischen Anbietern ist dabei allerdings geschrumpft.

Auf der Nordseite sind die erhöhten Tarife besonders darauf zurückzuführen, dass die chinesischen Behörden 2019 eine Reihe neuer Regeln aufgestellt haben, die Preise für Permits wurden erhöht. Viele Unternehmer haben die gestiegenen Kosten an die Kunden weitergegeben. Als Ursache für den Preisanstieg auf der nepalesischen Seite gibt der große Anbieter Seven Summit Treks die Pandemie und eine »Inflation im lokalen Tourismus« an. Die mittleren Tarife für einen Everest-Versuch von der nepalesischen Seite bezifferte Arnette für 2021 auf 44 500 Dollar für die einfachste Variante und bis zu 74 000 Dollar für die umfassendste.

Aber wie setzen sich diese Kosten zusammen? Sie lassen sich detailliert aufschlüsseln – und deshalb auch durchaus reduzieren. Das beginnt mit der Ausrüstung. Für Stiefel, Daunenanzug, mehrere Kleidungsschichten, Handschuhe, Schlafsäcke, Rucksäcke, Eisaxt, Steigeisen müssen mindestens achttausend Euro veranschlagt werden, wenn alles neu gekauft wird. Und die wenigsten werden ihr Material bei Ebay erwerben. Allein adäquate Höhenstiefel kosten tausend Euro, ein guter Daunenanzug noch mehr, ein Schlafsack für die erforderlichen Temperaturbereiche ist kaum unter siebenhundert Euro zu haben.

Die Kosten für ein Permit für die nepalesische Seite betrugen zuletzt 1 100 Dollar pro Person. Mittlerweile fordert Kathmandu, dass ein nepalesisches Unternehmen die Genehmigung für das Team organisiert, Kostenpunkt 2 500 Dollar. Zudem muss eine Kaution in Höhe von 4 000 Dollar pro Genehmigung hinterlegt und ein Verbindungsbeamter eingesetzt werden, der noch einmal 3 000 Dollar pro Team berechnet. Hinzu kommen weitere 4 000 Dollar, von denen bis heute, so schreibt Arnette, nicht recht klar sei, ob sie notwendig sind. Laut einem Reglement, das 2013 eingeführt wurde, muss jeder ausländische

Kletterer in Nepal einen lokalen Sherpa-Führer beauftragen. Doch die Richtlinie wird offenbar nicht konsequent umgesetzt und kontrolliert.

Auf der tibetischen Seite müssen sich Kletterer mittlerweile mit mindestens drei anderen Mitgliedern zusammenzutun. Für eine chinesische Everest-Erlaubnis musste 2021 zwischen 15 800 und 18 000 Dollar pro Person im Rahmen einer Teamgenehmigung von vier oder mehr Teilnehmern bezahlt werden. Der höhere Preis erklärt sich auch damit, dass darin der Transport vom Einreiseort in China zum Basislager enthalten ist – ebenso Hotels, Verbindungsbeamte, eine Müllgebühr sowie Transportyaks für jeden Teilnehmer. Für in Lhasa verbrachte Zeit wird ein Aufpreis von zweihundert Dollar pro Tag und Person berechnet. Für jeden Sherpa, der aus Nepal einreist, müssen außerdem 4500 Dollar für eine von der Chinesisch-Tibetischen Bergsteiger-Vereinigung geforderte »Arbeitserlaubnis« entrichtet werden.

Versicherungen sind ein weiterer Kostenfaktor. Reiserücktrittsversicherungen, Notrettungs- und Rücktransportversicherungen können leicht mit einigen weiteren tausend Euro zu Buche schlagen. Die tibetische Seite gilt als komplizierter, was die Versicherung von Evakuierungen angeht. Hier ist ein zentrales Team für Rettungen zuständig. Wer evakuiert wird, muss zahlen – einen nicht näher bezeichneten und unbegrenzten Geldbetrag.

Die reinen Reisekosten für den Everest sind dagegen vergleichsweise überschaubar. Besonders von der nepalesischen Seite. Schon für achthundert Euro können Everest-Aspiranten einen Flug von Europa nach Kathmandu bekommen. Von Kathmandu fliegt man gewöhnlich mit einer Propellermaschine nach Lukla weiter, die Verbindung kostet etwa hundert Euro pro Richtung – aber natürlich können preisbewusste Alpinisten auch von der nepalesischen Hauptstadt einen Bus in den kleinen Ort Jiri nehmen und in fünf Tagen in das Khumbu-Gebiet am Fuß des Everest wandern.

Von Lukla zum Base-Camp ist man dann noch einmal rund eine Woche zu Fuß unterwegs. Für die Versorgung auf dem Weg sollten fünfhundert bis tausend Euro inklusive Übernachtungen pro Person veranschlagt werden. Unterkünfte sind bis heute günstig, aber die Preise für Mahlzeiten haben massiv anzogen, knapp 20 Euro kostet ein umfassendes Essen. Natürlich lässt sich auch durch Zelten Geld sparen, nicht wenige Anbieter campen mit ihren Kunden.

Bis heute gibt es auch Bergsteiger, die ihr Essen selbst kochen. Aber die meisten engagieren einen nepalesischen Koch und Helfer für rund sechstausend Euro für das Basislager. Knapp tausend Euro pro Person müssen für Essen und Treibstoff über einen Zeitraum von sechs Wochen am Everest berechnet werden.

Ein weiterer Kostenfaktor ist natürlich der Materialtransport. Lebensmittel, Ausrüstung, Zelte und Sauerstoff müssen hinaufbefördert werden. Die Preise pro Tag und Ladung beziffert Blogger Arnette auf der nepalesischen Seite bei 25 Euro aufwärts, große Anbieter setzen Hubschrauber ein, bei ihnen ist der Transport Teil des Gesamtpakets.

Und dann treibt vor allem der Sauerstoff die Kosten in die Höhe. Ungefähr fünf der pro Stück etwa sechshundert Euro teuren Flaschen werden normalerweise mitgenommen. Für Maske und Atemregler müssen noch einmal je fünfhundert Euro berappt werden. Und kaum jemand trägt die Flaschen selbst in die Hochlager, die meisten setzen Sherpas ein – das schlägt noch einmal mit rund zweitausend Euro zu Buche.

Die wenigsten Aspiranten auf dem Everest kümmern sich allerdings um alle Details, sie buchen stattdessen ein Paket. Bei diesen Angeboten gibt es verschiedene Varianten. Arnette unterteilt die Angebote in drei Kategorien: Expedition mit Unterstützung von Sherpas, von Sherpas geführte Expeditionen und Expeditionen mit westlichen Führern.

Vergleichsweise übersichtliche 40 000 Euro müssen für eine Expedition mit Unterstützung von Sherpas berappt werden, wie sie von den führenden, aber auch von kleinen nepalesischen Unternehmen angeboten wird. Diese Variante bedeutet, dass der Anbieter die gesamte Logistik organisiert: Lebensmittel, Gruppenausrüstung, Transport und Sherpa-Support. Nicht zum Service gehören dabei jedoch westliche Führer – und in einigen Fällen nicht einmal ein leitender, übergeordneter Sherpa-Führer. Zudem sind die Teilnehmer bei diesen Angeboten in vielen Bereichen auf sich selbst gestellt. So begleiten die Sherpas die Kunden zwar am Gipfeltag, aber möglicherweise sind sie in der Akklimatisierungsphase allein mit anderen Teilnehmern.

Es ist auch durchaus üblich, dass sie in dieser Phase nur mit einem Sherpa oder sogar ohne jede Begleitung klettern. Everest-Blogger Alan Arnette warnt, dass die Qualifikation der Mitarbeiter bei solchen Expeditionen völlig unterschiedlich sein könne. Wie gut etwa die Sherpas Englisch sprechen, sei mehr oder weniger Glückssache. Zwar hätten einige eine Kletterschule besucht, die meisten verfügten aber nicht über eine medizinische Grundausbildung – alles, was sie im Falle einer Erkrankung tun könnten, sei, den Teilnehmer schnell in tiefere Lagen zu bringen.

Von Sherpas geführte Expeditionen dagegen sind Unternehmungen, bei denen ein sogenannter Sirdar, ein erfahrener Sherpa, als Leiter die wichtigen Entscheidungen trifft – also etwa, wann der Gipfelversuch unternommen wird oder wann bei einem Gipfelversuch der letzte Zeitpunkt zum Umkehren ist. Außerdem überwacht in den meisten Fällen ein Westler die Expedition vom Basislager aus, klettert aber selbst nicht. Rund 50 000 Euro aufwärts kostet die Teilnahme an einer solchen Expedition mit internationalen Anbietern. Das Angebot lässt sich auch variieren, man kann es sozusagen upgraden – mit einem persönlichen Sherpa. Dieser trägt dann einen Teil der Ausrüstung der Teilnehmer und begleitet die Kunden am Gipfeltag. Mindestens 6 000 Euro mehr kostet ein solcher Service, zuzüglich anfallender Trinkgelder und Boni.

Expeditionen mit westlichen Führen sind die teuersten. Diese Full-Service-Trips werden ab 70 000 Euro offeriert. Wer es besonders sicher und komfortabel haben will, kann aber auch mehr als 170 000 hinlegen. Dafür bekommt er dieselben Dienstleistungen wie bei einem von Sherpas geführten Aufstieg und zusätzlich einen oder mehrere westliche Guides, die allerdings für mehrere Teilnehmer zuständig sind. Wer einen persönlichen, westlichen Guide an seiner Seite wünscht, muss mindestens 130 000 Euro berappen, inklusive Trinkgeldern und Boni wird er am Ende preislich eher bei 180 000 liegen.

Aber natürlich gibt es kein Limit für Ausstattung und Service am Berg. High-End-Angebote gibt es seit Beginn des Geschäfts am Everest . Heute sind etwa Adventure Consultants, Alpine Ascents International, Alpenglow oder Furtenbach Adventures bekannte Anbieter in diesem Segment.

Dabei geht es am Everest generell schon lange nicht mehr wirklich spartanisch zu. Spezielle Zelte zum Essen, Kochen und Schlafen, auch Duschen und Toiletten gehören mittlerweile zu den Standards der meisten Expeditionen. Viele Anbieter bieten Kommunikations- und Medizinzelte an. Und natürlich großzügige Gemeinschaftszelte. In ihnen können Teilnehmer auf bequemen Stühlen entspannen oder sogar auf Sofa-artigen Sitzgelegenheiten herumlümmeln. Oft sind sie auch mit Stereoanlagen und Flachbildfernseher für den Filmabend ausgestattet. Teppiche sind auf dem Boden ausgelegt, manche der Behausungen haben raumhohe Fenster aus durchsichtigem Kunststoff, die Ausblick auf das Panorama draußen bieten. Eine Bar und eine Espressomaschine gehören ebenfalls fast schon zum Standard.

Ernsthaft in den High-End-Bereich stoßen Anbieter dagegen erst vor, wenn sie etwa Fünf-Sterne-Küche oder Sushi im Basislager anbieten. Im Frühjahr 2018 machte der russische Expeditionsbetreiber 7 Summits Club mit einem sogenannten »Luxuscamp« auf der tibetischen Nordseite von sich reden. Jedes Expeditionsmitglied bekam dabei ein eigenes geräumiges und beheiztes Zweikammerzelt. Die Kunden nächtigten in einem echten Bett mit Holzrahmen und Daunenbettwäsche. Im »Vorraum« ihres »Schlafzimmers« befand sich ein Laptop-Arbeitsplatz mit Tisch und Stuhl. »Der Kletterer sollte seine Kraft so weit wie möglich wiederherstellen, nicht krank werden, seinen hohen moralischen Geist und seinen Wunsch, bis zum Ende zu gehen, bewahren«, begründete der Betreiber den Luxus.

Mit Furtenbach Adventures können Alpinisten neben Gourmetgerichten, Getränken an Bars und Glamping in Zelten heute sogar 5G-Empfang auf dem Gipfel genießen. Das Netz wird von China Mobile und Huawei bereitgestellt, die drei Masten auf dem Berg installiert haben, ein vierter war zuletzt in Planung. Firmenchef Lukas Furtenbach sagte 2020 gegenüber der *Times*: »Letztes Jahr hatten wir sogar eine Sauna und eine Infrarotkabine mit einer sauberen Brennstoffzelle. Und wo immer möglich können Kunden mit dem Hubschrauber vom Basislager aus ein- und ausfliegen.«

Seine High-End-Angebote würden sehr gut nachgefragt, sagt Lukas Furtenbach: »Wir haben auch Kunden, die mit ihrer Gulfstream zur Expedition anreisen. Wir sind meist ein Jahr im Voraus ausgebucht und lehnen etwa dreißig Prozent der Anfragen ab, gerade bei den hochpreisigen Angeboten.«

Aber auch die nepalesischen Anbieter, eigentlich Spezialisten für Low-Cost-Offerten, versuchen ein Bein in dieses Marktsegment zu setzen. 130 000 Dollar berechnet Seven Summit Treks für sein »VVIP« Mount-Everest-Paket. Die Teilnehmer schlafen am Berg in einem King-Size-Bett. Neben Speisezelt, Gemeinschaftszelt und Toilettenzelt gehören auch ein medizinisches Kuppelzelt sowie ein Arbeitsbereich zum Angebot. Und natürlich eine heiße Dusche im Basislager. Auch in jedem Hochlager hat der Kunde ein eigenes Schlafzelt. Außerdem enthält das Angebot ein Begrüßungsdinner und einen Aufenthalt in einem Fünf-Sterne-Hotel in Kathmandu. Eine eigene Bäckerei versorgt die Teilnehmer im Basislager. Ein Airbus-Hubschrauber ist im Einsatz, um frisches Obst, Gemüse, Fleisch, Mineralwasser und andere Lebensmittel zu liefern – und im medizinischen Notfall auszufliegen. Auch ein zweistündiger Helikopterflug mit Aussicht auf den Gipfel und die umliegenden Achttausender gehört zum Paket. Zudem wird jedem Teilnehmer vom Reiseantritt bis zum Gipfel des Everest ein persönlicher Fotograf zur Seite gestellt und über die gesamte Reise wird ein Dokumentarfilm gedreht. Für den Gipfelversuch stehen drei Sherpas zur Seite, außerdem können die Teilnehmer über unlimitierten Sauerstoff verfügen. Auch der ist im Preis enthalten. Nicht enthalten sind dagegen internationale Flüge von und nach Nepal sowie die erforderliche Ausrüstung und Trinkgelder für die Besatzung. »Mit dieser Art von Expedition sprechen wir sehr vermögende Kunden an, Prominente, die sich für Abenteuer und den höchsten Gipfel der Welt begeistern«, sagt Mingma Sherpa, Geschäftsführer von Seven Summit Treks. »Wenn zum Beispiel Cristiano Ronaldo oder Messi den Berg besteigen wollten, dann bieten wir diese Art Service an.« Natürlich sei das ein besonderes Angebot. Grenzen gebe es aber nicht, betont er: »Wir können alles in Hinsicht auf Service, Unterstützung und Atmosphäre anbieten.«

Der allerneueste Trend ist aber ohnehin ein anderer: High-Speed-Aufstiege. Nach dem Motto »Kurz mal hoch, Everest in drei Wochen«, rast, wer kann, einfach an der Masse am Berg vorbei. Gut akklimatisiert durch ein Höhenzelt, in dem er zu Hause bereits Wochen vorher geschlafen hat, flankiert von einer äußerst aufwändigen Logistik, klettert er besonders geschwind hinauf. Und das mit allem erdenklichen Komfort und massiver alpinistischer Unterstützung auf der Route. Ein nicht ganz billiger Spaß, den dennoch mittlerweile immer mehr westliche Agenturen anbieten. Aber dafür ohne Anstehen im Stau und mit einer hohen Chance, das Abenteuer nicht nur zu überleben – sondern am Ende auch auf dem Gipfel zu stehen.

Der Erste, der so etwas offeriert hat, war Furtenbach Adventures. 99 900 Euro verlangte der Österreicher für die Saison 2021. Das Geld sei aber für seine Klientel gar nicht das Problem, sagt er, sondern der Faktor Zeit. Dauern gewöhnliche Everest-Expeditionen knapp zwei Monate, so verbringen die Teilnehmer von Furtenbachs Hochgeschwindigkeits-Trips weitaus weniger Zeit mit der Akklimatisationsphase und damit im Basislager. Damit sollen sie das Risiko für Erkrankungen durch die erhöhte Infektionsgefahr in diesen Bereichen minimieren. Die Flash-Expedition ist laut Furtenbach auch kräfteschonender, da die vielen Auf- und Abstiege rund um den Mount Everest entfallen.

Die Akklimatisation zu Hause erfolgt mit einem speziellen Hypoxieprogramm, mit dem über sechs bis acht Wochen Höhen bis zu 7 100 Meter simuliert werden. Kernstück ist, so Furtenbach, ein Hypoxiezelt, das auf dem Bett aufgebaut wird und in dem die Kunden schlafen. Dazu steht ein auch aktives Hypoxietraining auf dem Programm. Außerdem kommt ein neu entwickeltes Sauerstoffsystem zum Einsatz. Die Teilnehmer erhalten spezielle Regulatoren, die mehr Sauerstoff liefern als herkömmliche Modelle. Damit seien Flussraten von bis zu acht Litern pro Minute möglich. Jedem Kunden werden zudem mindestens zwei Sherpas zur Seite gestellt, um Ausfälle zu kompensieren und die großen Sauerstoffmengen transportieren zu können.

Furtenbach hat für dieses Angebot viel Kritik geerntet. Der Zillertaler Bergsteiger Peter Habeler bekundete, dass er herzlich wenig davon halte, wenn sich Leute für ein paar Tage in ein »Sauerstoffzelt« legten und ein wenig trainierten, bevor es Richtung Everest ginge, wie er in einem Interview mit der *FAZ* wissen ließ. »Fake-Akklimatisation« sei das, auf die am Berg vorkommenden Extremsituationen würden die Everest-Aspiranten so nicht vorbereitet. Guy Cotter von Adventure Consultants bezeichnete den Ansatz lakonisch als »kompletten Quatsch«, Russel Brice von Himex gar als »Quacksalberei«. Viele andere Größen des Höhenbergsteigens erklärten, dass es keinen wissenschaftlichen Beweis für die Wirksamkeit des Hypoxieprogramms gebe.

Doch tatsächlich muss Furtenbach sich heute mit seiner Geschäftsidee keineswegs verstecken. Er kann auf eine Erfolgsrate von hundert Prozent verweisen. Und unter den westlichen Wettbewerbern hat er schon lange Nachahmer gefunden, etwa Alpenglow mit der »Rapid Ascent Expedition«.

Er sei überzeugt, dass in fünf bis zehn Jahren niemand mehr zwei Monate an einem Achttausender verbringen werde, sagt er. Dass es viele Nachahmer gibt, macht ihm keine Sorge: »Wir haben einen sehr großen Erfahrungsvorsprung, den werden wir nutzen. In dem Flash-Produkt stecken fünfzehn Jahre Entwicklung, Know-how und viel Arbeit.«

18 Die Schummler

Die Frage, ob man wirklich oben gewesen ist, ist alles andere als neu. Peter Habeler und Reinhold Messner können 1978 die Anschuldigungen, sie seien gar nicht am Gipfel gewesen oder hätten unterwegs doch künstlichen Sauerstoff verwendet, durch Fotos und ein Stück Seil, das sie oben zurückgelassen hatten, widerlegen. Auch ergeben Überprüfungen, dass alle am Weg deponierten Sauerstoffflaschen noch voll waren.

Doch zumindest der Fotobeweis ist in Zeiten von Photoshop und ähnlichen Bildbearbeitungsprogrammen immer problematischer geworden. So hat die nepalesische Regierung Anfang 2021 zwei indischen Kletterern und ihrem Teamleiter sechs Jahre lang das Bergsteigen im Land verboten. Eine Untersuchung hatte ergeben, dass sie ihren Aufstieg auf den Gipfel 2016 vorgetäuscht hatten.

Narender Singh Yadav und Seema Rani Goswami hatten sich offenbar ein entsprechendes Zertifikat der Tourismusabteilung erschlichen. Doch als Yadav 2020 für den prestigeträchtigen Tenzing Norgay Adventure Award gelistet wurde, hinterfragten andere Kletterer die Leistung und gaben ihre Zweifel an das nepalesische Tourismusministerium weiter. Die beiden hätten ihren Aufstieg in Wahrheit abgebrochen, weil es ihnen gesundheitlich schlecht gegangen sei, berichtete die *Hindustan Times*. Sie hätten bearbeitete Bilder verwendet. Das Tourismusministerium prüfte den Fall. Yadav konnte keine Beweise vorlegen. Die indischen Alpinisten hätten, so konstatierte das Ministerium in Kathmandu schließlich, »den Gipfel nie erreicht«. »Bei unserer Untersuchung stellten wir fest, dass sie gefälschte Dokumente [einschließlich Fotos] eingereicht hatten. Aufgrund der Dokumente und des Gesprächs mit den betroffenen Beamten, einschließlich Sherpas, kamen wir zu diesem Schluss«, sagte ein Beamter des Ministeriums dem *Indian Express*. Das Tourismusministerium hat auch das Unternehmen, das den Aufstieg organisiert hat, und die Sherpas, die sie unterstützt haben, mit einer Geldstrafe belegt.

Ein erfolgreicher Aufstieg ist heute nicht nur eine Frage des Ruhms – sondern für viele auch des Profits. Sherpa-Führern verhilft er zu mehr Aufträgen und höherem Honorar oder auch dazu, ein eigenes Expeditionsunternehmen zu gründen. Viele Teilnehmer wiederum, denen es gelungen ist, den Gipfel zu erklimmen, haben eine Karriere als Motivationsredner oder Autoren gemacht. Mit jedem erfolgreichen Aufstieg fördern beteiligte Expeditionsunternehmen und Regierungen den Tourismus.

Zwar prüfen die Behörden in Nepal und China jeden angeblichen Gipfelerfolg. Doch in der Todeszone ist die Kontrolle naturgemäß löchrig. Dort oben lassen sich nicht einfach Beamte stationieren. Als Aufstiegsbeweis wird heute ein Ganzkörperfoto mit unbedecktem Gesicht – also ohne Sonnenbrille und Sauerstoffmaske – auf dem schneebedeckten Gipfel verlangt. Außerdem müssen der Leiter der Bergsteigergruppe sowie ein Behördenmitarbeiter im Basislager den Aufstieg zertifizieren. Da der Gruppenleiter selbst jedoch selten ganz nach oben steigt, verlassen sich die Behörden meist auf das Wort des Bergsteigers sowie dessen Sherpa.

Dabei lassen sie sich immer mal wieder täuschen. »Leider ist es mit der heutigen Technologie und den schlampigen Behördenprozessen nicht allzu schwierig, eine falsche Behauptung aufzustellen«, schreibt Everest-Blogger Alan Arnette: Unschwer lasse sich ein Gesicht in das Foto eines anderen Bergsteigers einfügen.

Bereits 2017 gab es einen ähnlichen Fall, in den zwei Inder involviert waren. Die Polizei im westindischen Bundesstaat Maharashtra entließ zwei Beamte, nachdem eine Untersuchung ergab, dass ihre Behauptung, das erste indische Paar zu sein, das den Everest bestieg, eine Fälschung war. Dinesh und Tarakeshwari Rathod sagten, sie hätten den Gipfel im Vorjahr erfolgreich erreicht, aber die Polizei erklärte, das Paar habe »Bilder manipuliert«, um einen erfolgreichen Aufstieg zu zeigen. Die nepalesische Tourismusabteilung hatte ihren Aufstieg zunächst bestätigt, diese Entscheidung jedoch nach einer Untersuchung aufgehoben.

Narender Singh Yadav, der 2021 für den Everest gesperrt wurde, wehrte sich gegen die Vorwürfe. Er sei 2016 oben gewesen, entsprechende Fotos und Videos seien vorgelegt worden. Er wirft seinem Gruppenführer vor, sich aus Neid an das Tourismusministerium gewandt zu haben. Er wolle gerichtlich gegen ihn vorgehen.

19 Covid-19 am Berg

2021 war ein spezielles Jahr. Im Vorjahr war die Everest-Südseite wegen der Pandemie gesperrt gewesen, nur eine kleine nationale Expedition war von der Nordseite aufgestiegen. Doch 2021 sahen die nepalesischen Behörden ihre Chance: Die Zahl der Covid-19-Neuinfektionen war im Land über den Winter gesunken, zahlreiche Bergsteiger standen in der Warteschleife, um den Everest zu besteigen. Nur wenige westliche Veranstalter wie etwa Adventure Consultants aus Neuseeland hatten den Everest 2021 komplett abgesagt. Im März öffnete das Tourismusministerium das Land weitgehend für Touristen. Zur Freude der heimischen und westlichen Anbieter und der nepalesischen Tourismusindustrie.

Was folgte, war ein regelrechter Ansturm. 408 Permits für den Everest-Anstieg von Nepal wurden binnen weniger Wochen ausgestellt – ein neuer Rekord. Die Nordseite allerdings wurde erneut nur für eine einzige nationale chinesische Expedition geöffnet.

Doch es dauerte nicht lange, bis der erste Covid-19-Fall gemeldet wurde. Der Norweger Erlend Ness, Teilnehmer einer amerikanisch-norwegischen Expedition, schrieb dem *Spiegel* Ende April aus dem Karuna-Krankenhaus in Kathmandu, es gehe ihm gut, er habe einen mittelstarken Verlauf. Zunächst war nicht klar gewesen, ob Ness unter einer Covid-19-Infektion oder unter einem Lungenödem litt, zwei Krankheitsbilder, die Mediziner schwer auseinanderhalten können. Er wisse nicht, ob er andere angesteckt habe, so Ness, es sei aber durchaus möglich, da er keine eindeutigen Symptome gehabt habe.

In Interviews mit Akteuren vor Ort wurde schnell klar, dass sich nur ein Teil der Teams am Berg an strenge Hygienevorschriften hielten. Lukas Furtenbach, Chef von Furtenbach Adventures, verwies gegenüber den Medien darauf, dass sein Team quasi in einer Blase unterwegs sei und alle – auch die Mitarbeiter – ständig getestet würden. Tausende von Test-Kits habe er mitgebracht. Ein Foto vom Lager des Anbieters International Mountain Guides kursierte im Netz, es warnte Nicht-Teammitglieder vor dem Betreten. Gleichzeitig mehrten sich aber auch Berichte über andere Teams, die ausgiebig feierten und auch Mitglieder fremder Expeditionen zu ihren Partys einluden. Die Medien zeichneten das Bild von einem »Ischgl in Zelten«. Eine bedrohliche Lage entwickelte sich. Zumal im Nachbarland Indien die Zahl der Neuinfektionen dramatisch anstieg, auf Werte, die weltweit bisher nicht erreicht worden waren.

Doch die Grenzen nach Nepal blieben offen. Bald schwappte die zweite Welle über, in Nepal selbst wurden immer mehr Neuinfektionen gemeldete, Kathmandu ging in den Lockdown. Das ganze Khumbu-Tal wurde gesperrt, dann das Basislager. Offiziell durften nur noch Evakuierungsflüge von dort starten.

Es dauerte auch nicht lange, bis am Everest weitere Fälle bekannt wurden – aber nicht offiziell, sondern zumeist in den sozialen Medien. Noch immer versuchten die Ärzte in Kathmandu die Fälle zu vertuschen. Die Nepal Mountaineering Association war zu keiner Stellungnahme bereit. Das Tourismusministerium verweigerte den Medien Auskunft, es hieß, es hätte Veranstaltern einen Maulkorb verpasst. Auch die nepalesischen Anbieter schwiegen beredt. Dabei schätzen Beobachter bereits Ende April die tatsächliche Zahl der Infektionen im Basislager auf vierzig. Berichte über Teilnehmer, die mit gefälschten Tests ins Lager kamen, wurden kolportiert. »Corona außer Kontrolle« titelte explorersweb am 27. April.

Am 29. April schrieb die Bergsteigerin Gina Marie Han-Lee aus New York: »Ich habe nach einem Tag einen Hubschrauber vom Basislager zurück nach Kathmandu genommen. Die Covid-Situation am Everest Base Camp ist ein totaler Mist. Ich hatte keine Ahnung, in was ich da hineingeflogen bin. Es fühlte sich blöd an, überhaupt dort zu sein. Es war eine harte Entscheidung, aber ich stelle meine Gesundheit jetzt an die erste Stelle. Covid in großer Höhe ist nichts, das ich riskieren will. Ich werde hoffentlich in den nächsten Tagen nach Hause fliegen und mich für Juni auf den K2 konzentrieren. Es gibt dieses Jahr einfach zu viele Leute im Basislager. Ich wünsche allen

Kletterern dort Sicherheit und Erfolg, aber dieses Mädchen hier macht sich jetzt mal vom Acker.«

In den folgenden Tagen wurde immer deutlicher, wie massiv Covid-19 sich am Berg ausbreitete. Nachdem eine erste Welle mit etwa hundert Bergsteigern Anfang Mai den Gipfel bestiegen hatte, verkündeten die Chinesen zunächst zum Spott der Weltöffentlichkeit, eine Absperrung auf dem Gipfel zu errichten, damit die Alpinisten von der Südseite das Virus nicht auf die chinesische Seite tragen könnten. Dann sagten sie den Anstieg auf der Nordseite ganz ab. Kurz darauf cancelte Anbieter Furtenbach seine Expedition, nachdem sich ein Teilnehmer offenbar im Khumbu-Eisbruch angesteckt hatte. Furtenbach berichtete von gespenstisch Hustenden, die im Basislager in Zelten lagen, und davon, dass den Ärzten dort von der Regierung untersagt worden sei zu testen. Aber noch am 17. Mai wurden Videos von geselligen Feten im Basislager ins Netz gestellt – während Beobachter bei immer mehr Fällen von Erkrankten und auch Toten zweifelten, ob die Diagnose vielfach nicht eher Covid-19 hätte lauten müssen als die schnell diagnostizierte allgemeine Atemwegserkrankung. Furtenbach schätzte die Zahl der Infizierten am Berg zu diesem Zeitpunkt auf 150.

Schließlich folgten Nachrichten vom ersten Covid-19-Todesopfer, Ngima Dendi Sherpa, der Mitte Mai in Kathmandu verstarb. Auch der in Neuseeland lebende Bergsteiger Scott Simper machte Schlagzeilen, als er nach erfolgreichem Gipfelaufstieg mit der Diagnose Covid-19 in Kathmandu auf der Intensivstation lag und seine Angehörigen sich sorgten, wie sie ihn angesichts der wenigen internationalen Flüge, die vom eigentlich geschlossenen Airport Kathmandu gingen, nach Hause bringen könnten.

Insgesamt bestiegen 2021 trotz der unklaren und gefährlichen Lage etwa vierhundert Menschen den Everest. Das Ministerium in Kathmandu behauptete bis Anfang Juni, als die Icefall-Doctors die Strecke zwischen Lager I und dem Basislager schlossen, es gebe keine Hinweise für Covid-19 am Berg. Und auch fast alle nepalesischen Expeditionsunternehmen hüllten sich zu dem Thema weiter in tiefes Schweigen.

20 Lösungen

Mal von der außergewöhnlichen Covid-Saison 2021 abgesehen: Es sind bizarre Szenen, die sich in den vergangenen Jahren vom Everest in das kollektive Bewusstsein gebrannt haben: »Ich habe im Basislager einen Mann gesehen, der vor seinem Zelt saß und sich die Steigeisen falsch herum anzog. Am höchsten Berg der Welt! Einer eigentlich lebensfeindlichen Gegend«, berichtete Dominic Müller, Inhaber von Amical Alpin, lange dem einzigen deutschen Anbieter am Everest, dem *Spiegel*. »Ich habe Leute gesehen, denen der Bergführer die Schuhe angezogen hat. Ein Bild von einer Everest-Expedition kursierte im Internet, das einen Teilnehmer zeigte, der den Helm falsch herum trug. Man fragt sich dann natürlich schon, was machen diese Leute hier?«

Immer mehr Bergsteiger stürmen jedes Jahr von der nepalesischen Seite auf den Gipfel – und immer öfter kommt es zu Toten. Als der Andrang 2019 in der Katastrophe kumulierte, bei der elf Menschen starben, war offensichtlich die schiere Menschenmasse die Ursache: Viele der Gestorbenen hatten zu lange im Stau unterhalb des Gipfels warten müssen.

Mingma Sherpa, Geschäftsführer des nepalesischen Anbieters Seven Summit Treks, begründet den Ansturm in jenem Jahr mit einem kurzen Wetterfenster, auf das eine große Anzahl von Bergsteigern gleichzeitig gesetzt habe: »Tatsächlich war der Berg mit mehr als dreihundert Menschen an diesem Tag sehr stark frequentiert, Grund waren vor allem die Wettervorhersagen. Alle Teilnehmer warteten auf das beste Wetter und kletterten dann gemeinsam.«

Doch das war nicht der eigentliche Grund, sagen viele Beobachter. Sie bemängeln, dass, wer den Berg besteigt, nur bedingt Kenntnisse oder Erfahrungen nachweisen muss. Das gilt vor allem für die Südseite. Weil immer mehr kommerzielle Expeditionen den Everest anbieten, schließen sich auch Abenteurer mit nur wenig Vorerfahrung an – mit einem hohen Risiko für sie, aber auch für ihre Führer.

»Dort sind einfach zu viele Leute unterwegs, die technisch nicht versiert sind. Sie sind nicht geübt darin, zum Beispiel am Fixseil über eine Leiter zu gehen, die über eine Gletscherspalte gespannt wird, oder sich sicher in einer Eisflanke zu bewegen«, sagt Dominic Müller. »Es kommt also zu Verzögerungen und dadurch zum Stau auf der Route und am Gipfelgrat. Leidtragende sind nicht nur die Ungeübten, sondern alle, auch die Sherpas und die Bergführer.«

Lukas Furtenbach weist darauf hin, dass mehr als fünfzig Prozent der Bergsteiger an der Südseite im Katastrophenjahr 2019 Inder und Chinesen gewesen seien, von denen ein großer Teil keine oder nur sehr wenig Erfahrung im Bergsteigen hatte. Er habe Bergsteiger im Basislager erlebt, die damit geprahlt hätten, dass der Everest ihr erstes Bergerlebnis sei. »Doch die Veranstalter akzeptierten diese Teilnehmer.«

Genauso gelten mangelnde Ausstattung und Logistik als wesentliche Ursache für das tödliche Desaster. So sagt Guy Cotter, Chef des neuseeländischen Anbieters Adventure Consultants: »Der Stau war ja nur an einem Tag. Wir sind an diesem Tag absichtlich nicht geklettert. Die Todesfälle wurden nicht durch die Masse von Menschen verursacht, sondern durch Teilnehmer, die mit billigen Anbietern unterwegs waren, die nicht über genügend Sauerstoff oder eine angemessene Führung auf dem Berg verfügten.«

Schließlich könne man das kurze Zeitfenster für den Gipfelsturm, das sich regelmäßig wenige Tage im Mai öffnet, umgehen, erklärt Dominic Müller: »Mit guter Organisation, Planung und entsprechenden Wetterdaten können Sie auch antizyklisch klettern. Zum Beispiel hat die französische Bergsteigerin Elisabeth Revol ein paar Tage vor den Unfällen 2019 den Gipfel ohne zusätzlichen Sauerstoff erreicht. Ich selbst war 2017 fast allein für eine Stunde auf dem Gipfel.« Das sei natürlich auch eine Geldfrage, gibt Müller zu: »Zuverlässige Wetterdaten sind nicht ganz billig. Auf der Südseite sind viele Expeditionen unterwegs, die günstige Touren anbieten, daher an der Sicherheit sparen und unter anderem auf solche Daten verzichten. Wer spart, geht mit der Masse. Die Expeditionen sprechen sich ab und brechen zusammen auf, dadurch sind dann Hunderte Menschen gleichzeitig unterwegs.«

Furtenbach sagt: »Neun von den elf Toten 2019 waren mit Low-Cost-Veranstaltern unterwegs. Alle bis auf einen sind wegen eines direkten oder indirekten Höhenproblems gestorben. Wenn zu wenig Sauerstoff mitgeführt oder deponiert wird, um auch einen Stau durchstehen zu können oder aber die Teilnehmer nicht rechtzeitig zum Umdrehen aufgefordert werden, wenn der Sauerstoff knapp wird, dann geht ihnen der irgendwann aus – meist im Abstieg.« Die Folge sind Lungen- oder Hirnödeme.

Dass Anbieter nicht für ausreichende Ausstattung am Berg sorgen, beobachtet Furtenbach schon seit Jahren: »Als wir 2016 mit unserer Gruppe vom Gipfel zum Südsattel auf achttausend Metern zurückgekehrt sind, habe ich die Sherpas angewiesen, unsere Zelte dort abzubauen. In diesem Moment erschien ein westlicher Bergführer mit acht Kunden beim Anstieg auf dem Gipfel. Er sagte, er werde unsere Zelte benutzen, weil sie keine eigenen hätten. Meinen Hinweis, dass ich davon nichts wisse, erwiderte er nur mit einem Achselzucken. Ich habe die Gruppe natürlich unsere Zelte benutzen lassen – aber man muss sich bewusst machen: Alles andere wäre sein wahrscheinliches Todesurteil gewesen.« Dennoch seien am nächsten Tag zwei Teilnehmer der Gruppe an einem Hirnödem gestorben. »Die Leichen lagen ein Jahr lang in unseren Zelten.«

Mingma Sherpa widerspricht vor allem der Kritik, unerfahrene Teilnehmer und mangelnde Führung seien der Grund für die Katastrophe 2019 gewesen: »Wir haben unsere Sherpas auf achttausend Metern Höhe trainiert, bevor wir den Berg bestiegen haben. Für uns sind sehr viele Mitarbeiter im Einsatz, die den Everest viele Male bestiegen haben. Am Berg in dieser Höhe lässt sich nie voraussagen, was passiert. Bevor alle im Basislager sind, drücken wir immer die Daumen und beten für das Wohl aller Bergsteiger.« Seven Summit Treks hat 2019 einen Kunden am Berg verloren. Seamus Lawless, ein 39-jähriger Ire, ging auf 8300 Metern am Everest verloren. Es wird angenommen, dass er in der Nähe des Balkons ausgerutscht und gefallen ist, als er mit vier anderen Mitgliedern vom Gipfel herabstieg.

Abstiege seien eben auch immer problematischer als Aufstiege, betont Mingma Sherpa. »Der Unfall war nicht unsere Schuld. Diese Art von Unglück kann am Berg passieren.« Er verweist auf Sergi Mingote. Der spanische Bergsteiger stürzte als Bergführer von Seven Summit Treks am 16. Januar 2021 am K2 in Pakistan beim Abstieg und verunglückte tödlich. »Er war ein Profi in den Bergen, extrem erfahren, aber er ist abgestürzt.«

Wie bei jedem Desaster auf der nepalesischen Seite folgte auch 2019 auf den Aufschrei der Öffentlichkeit die Suche nach Lösungen. Doch so zynisch es klingt: Die ist in erster Linie ein Ritual. Ob nach der Katastrophe von 1996, nachdem 2014 im Khumbu-Eisbruch 16 Sherpas starben oder nach dem Erdbeben im Folgejahr: Alpinisten, Tourunternehmer und vor allem Nepals Politiker diskutieren infolge solcher tragischen Ereignisse stets lang und sehr ausführlich – und am Ende ist alles ziemlich genau wie immer. Nicht einmal der Anfang der Zweitausenderjahre gemachte Vorschlag, man solle es Menschen über 75 Jahren, Amputierten und Blinden untersagen, sich in Richtung Gipfel aufzumachen, wurde je in verbindliche Bestimmungen umgesetzt.

Auch 2019 beriefen die Nepali zunächst ein Komitee ein, um die Ursachen zu analysieren. Wie ebenfalls üblich, folgten hehre Worte: »Der Everest darf nicht weiter einfach nach freiem Willen bestiegen werden«, tönte etwa Tourismusminister Yogesh Bhattarai in der *New York Times*.

Dann kamen die konkreten Vorschläge: Wer zum Gipfel steigen will, solle ein vernünftiges Training absolviert haben. Er müsse nachweisen, dass er bei guter Gesundheit ist und eine Versicherung habe, die die Kosten für einen Rettungseinsatz abdeckt, falls dieser nötig wird. Außerdem dürfe der Aufstieg nur zusammen mit einem erfahrenen nepalesischen Guide erfolgen. Das Komitee schlug zudem vor, die minimale Expeditionsgebühr auf 35 000 Dollar zu erhöhen.

Manche Vorschläge, etwa die Frage der Versicherung, waren indes überhaupt keine Neuerungen, viele nur marginale Nachbesserungen. Die eigentliche große Veränderung war einzig die Forderung, dass Everest-Bezwinger zuvor einen mindestens 6 500 Meter hohen Gipfel bestiegen haben sollten, der aber nicht irgendwo auf der Welt liegen durfte – sondern einzig in Nepal. Ein Grund für diese geographische Verortung wurde nicht genannt und auch die Möglichkeit, dies zu überprüfen, bleibt hoch fragwürdig.

Denn dass sie Zertifikate für den Everest fälschen könnten, hätten indische Bergsteiger ja zuletzt bewiesen, spottete der US-amerikanische Everest-Blogger und -Bezwinger Alan Arnette. Da sei es ein Leichtes, einen imitierten Beleg für einen niedrigeren Berg vorzulegen. »Außerdem werden sie den Nachweis wahrscheinlich ihren Bergführern überlassen, die wiederum ein nachvollziehbares Interesse daran haben, Kunden unterzeichnen zu lassen.«

Die meisten seriösen Expeditionsführer wären von einer solchen Bestimmung aber ohnehin unberührt geblieben: Sie verlangen schon lange von Teilnehmern, die auf den Everest wollen, Gipfel wie den knapp siebentausend Meter hohen argentinischen Aconcagua oder den Sechstausender Denali in Alaska bestiegen zu haben. Die Top-Anbieter wollen noch anspruchsvollere Nachweise von ihren Aspiranten sehen – Zertifikate über Achttausender wie den Manaslu oder den Cho Oyu etwa. Arnette kommentierte: »Ich hatte gehofft, Nepal würde den Nachweis eines Achttausend-Meter-Gipfels vorschreiben, so wie er in China verlangt wird, bevor der Everest auf der tibetischen Seite bestiegen werden darf, sowie dass eine unabhängige Instanz alle Anträge prüft.«

Und die geforderten Preisgrenzen? Selbst eine Untergrenze von 35 000 Dollar würde unerfahrene Aspiranten kaum schrecken, schrieb Arnette. »Dieser Vorschlag scheint vielmehr den Zweck zu haben, die lokalen Anbieter zu beruhigen, deren Unternehmen durch eine ernsthafte Erhöhung Schaden nehmen würden. Erst eine Verdoppelung oder Verdreifachung der Permitgebühr würde Aspiranten abschrecken.«

Dass sich die Vorschläge von 2019 bei genauer Betrachtung als so schwach und wenig praktikabel erweisen, hat natürlich auch den einfachen Grund, dass für Nepal, eines der ärmsten Länder der Welt, der Everest-Tourismus eine unverzichtbare Einnahmequelle geworden ist. Nicht nur hängt eine ganze Industrie daran: von der Hauptstadt Kathmandu mit ihren Hotels, Restaurants und Shops über die Hubschrauber- und Flugzeugflotte, die im Frühjahr Tausende Bergsteiger und Touristen zum Flughafen von Lukla in Khumbu bringt, bis hin zu den Lastenträgern und Sherpa-Bergführern, die mit ihrem Einkommen ganze Großfamilien ernähren. Auch die korrupte Verwaltung des kleinen Himalaja-Staates lebt besonders prächtig von den für nepalesische Standards astronomischen Gebühren. Ob Bergsteiger oder Tourist – jeder Beamte hält bei jeder Unterschrift die Hand auf. Je höher seine Ebene, desto umfangreicher das Schmiergeld. Wie zentral die wirtschaftliche Bedeutung des Everest-Tourismus für die faktischen Szenarien am Berg ist, hat sich in der »Covid-19-Saison« 2020 noch einmal deutlich gezeigt.

»Die Regierung in Kathmandu hat einen ernsthaften Interessenskonflikt«, diagnostiziert Arnette: »Sie misst ihren Erfolg ausschließlich daran, wie viel Geld sie durch den Tourismus, durch Bergsteigen und vor allem den Everest einstreicht. Arnette meint: »Die nepalesischen Minister sind besoffen vom Geld des Tourismus und tun alles, um negative Presse zu minimieren und Positives herbeizureden.«

Dabei gäbe es eigentlich eine ganz einfache Lösung, meint Guy Cotter: »Ich setze mich seit Jahren dafür ein, dass die Nepali ihr System in Ordnung bringen. Die Probleme mit Menschenmengen können leicht behoben werden. Als wir Anfang der Neunziger den Everest bestiegen, war die Route zum Gipfel bereits Anfang Mai geöffnet. Jetzt ist es regelmäßig erst Mitte bis Ende Mai, sodass all diese Kletterer gezwungen sind, an nur wenigen Tagen den Gipfel zu versuchen.« Es sei ein Leichtes, dieses Problem in den Griff zu bekommen : »Ich bin der Ansicht, dass es eine Gruppe von Rangern geben sollte, die von der Regierung eingesetzt werden und von nepalesischen Bergführern mit Zertifikat der Internationalen Vereinigung der Bergführerverbände geleitet werden sollten, um den Eisbruch und das Anbringen der Fixseile weiter oben zu übernehmen, mit dem Ziel, die Strecke zum Gipfel bis zum 1. Mai jeder Saison zu öffnen. Die Ranger sollten für Rettungs- und Müllmanagement zuständig sein. Natürlich ist das Everest-Geschäft für Nepal sehr wichtig, und wir sollten unsere westlichen Werte nicht missbrauchen, um ihnen zu sagen, dass sie es nicht können, weil es nicht unseren Befindlichkeiten entspricht. Es könnte besser laufen am Berg, aber ich kann nur Ratschläge geben, Vorschläge. Nepal ist schließlich auch kein einfacher Ort, um Dinge umzusetzen, selbst wenn sie uns offensichtlich erscheinen. Es ist eine junge Demokratie und sie haben noch viel zu tun.«

Im Jahr 2021 hat das Tourismusministerium in Kathmandu dann schließlich doch ein paar Neuerungen verordnet. Aber es waren eher bizarre Vorgaben. Demnach dürfen am Berg zwar weiter Fotos und Videos gemacht werden, es ist jedoch untersagt, diese ohne Erlaubnis des Ministeriums und aller anderen Personen auf dem Foto weiterzugeben. Angeblich soll mit den Bestimmungen die Ehre von in Not geratenen Alpinisten und am Berg Verstorbenen bewahrt werden. Doch verschiedene Expeditionsanbieter haben umgehend erklärt, dass die Maßnahmen »keinen Sinn ergeben«. Die Regeln seien grundsätzlich nicht zu befolgen, sagte Ang Tsering Sherpa von Asian Trekking gegenüber der *Kathmandu Post*.

Tatsächlich zielten sie ohnehin auf das Übliche ab: das Image des Tourismus am Berg vor Kratzern zu bewahren. Zu verhindern, dass erneut Bilder um die Welt gehen wie jenes berühmt geworden Foto, das Bergsteiger Nirmal Purja 2019 geschossen hat. Es zeigt den langen Stau von Kletterern am Hillary-Step, der so vielen Menschen zum Verhängnis wurde.

21 Ziel für die Massen

Die Kritik ist bekannt. Je mehr Massen hinaufströmen, je öfter Ungeübte verunglücken, mit jeder Katastrophe am Berg wird sie lauter: »Der Everest darf kein Ziel für Touristen sein«, sagt der deutsche Expeditions-Anbieter Dominik Müller. »So kann es nicht weitergehen.«

Die Gegenposition ist weniger bekannt. Expeditionsanbieter Lukas Furtenbach widerspricht: »Natürlich darf der höchste Berg der Welt ein Touristenziel sein. Er muss es sogar. So wie andere Berge auch. Wie das Matterhorn, die Zugspitze oder der Großglockner. Aber es müssen Rahmenbedingungen geschaffen werden, wie jeder, der ihn erleben möchte, das in einem gesicherten Umfeld machen kann.«

Völlig übersehen wird in der Diskussion zumeist, was die Einheimischen dazu denken: »Für Nepal ist es ganz wichtig, Touristen auf dem Berg zu haben«, betont Mingma Sherpa, Chef von Seven Summits. »Nur deswegen gibt es so viele Menschen, die in Khumbu und Nepal ein Auskommen haben.« Und vor allem deswegen sei die gesamte Region auf Interesse bei Touristen aus aller Welt gestoßen: »Es gibt ja viele schöne Berge rund um den Everest wie Lhotse, Nuptse, Makalu, Baruntse und Ama Dablam. Und es gibt viele Gletscher und Seen wie den Gokyo-See oder den Imja Tse-See. Der Everest und die ganze Region dürfen deshalb absolut das schönste Touristenziel der Welt sein.« Diese Position wurde besonders 2020 noch einmal deutlich, als die nepalesischen Expeditionsunternehmen gemeinsam mit der Regierung Nepals den Umfang des Covid-19-Ausbruchs am Berg verschwiegen, um die Branche mit ihren Arbeitsplätzen und den erheblichen Dollar-Einnahmen für den nepalesischen Staat zu sichern.

Fest steht: Der Andrang am höchsten Berg der Welt dürfte in den kommenden Jahren nicht weniger werden. Sie werden alle weiter hinauf wollen: die Geltungssüchtigen und die Reichen – und immer noch auch manch Abenteurer und moderner Entdecker. Immer mehr Kunden werden aus den aufstrebenden Staaten Indien und China kommen. Immer weniger werden keine Alpinisten im strengen Sinne sein. Sherpas und Bergführer werden weiter über Leichen gehen. Sie werden mehr Abfall produzieren. Der nächste Stau ist vorprogrammiert. Die nächste Katastrophe auch. Zumal gleichzeitig die, die das Geschäft mit dem Berg machen, weiter versuchen werden, möglichst viel dabei herauszuholen – ob im Westen oder in Nepal.

Aber ist es denn so verwerflich, dort hinaufzuwollen oder damit Geld zu verdienen? Kann man nicht bei aller Verurteilung des Kommerzes am Berg, der immer wieder Menschen in Gefahr bringt und Leben kostet, auch der Argumentation folgen, dass es eigentlich immer dem Ego diene, einen Berg zu besteigen – egal, wer es tut? Egal ob Alpinist oder Tourist. Egal ob der Pionier, der sich mit wenig Unterstützung, womöglich ohne künstlichen Sauerstoff, hinaufkämpft, oder der eher Ungeübte, der Quasi-Laie, der förmlich hinaufgetragen wird. Und ist es nicht eigentlich der Lauf der Zeit, dass die begeisterten Massen immer den unerschrockenen Individualisten folgen, die einen neuen Weg entdeckt haben? Gilt das nicht für alle Formen des Alpinismus – und des Tourismus? Frisst nicht die Revolution bekanntlich in aller Regelmäßigkeit ihre Kinder? Ist es nicht arrogant, das zu verurteilen, wenn nicht sogar lächerlich?

Wer ein alpines Abenteuer sucht, der fährt nicht nach Ischgl. Und wer als ernsthafter Alpinist einen Achttausender erklimmen will, der klettert nicht auf den Everest – wenigstens nicht in der Hauptsaison oder auf einer der Hauptrouten.

Er könne der Unterscheidung Alpinismus versus Tourismus nichts abgewinnen, sagt Anbieter Furtenbach: »Der Alpinismus, Bergsteigen in allen Facetten, ist die Urform des Bergtourismus.« Er verweist auf die britischen Adeligen, Gelehrten und Abenteurer der vorangegangenen Jahrhunderte, die mit Hilfe von lokalen Hirten und Bergführern Alpengipfel bestiegen haben. »Das hat in der Tat sehr ähnlich ausgesehen wie das, was heute am Everest passiert.«

Fakt sei, dass der Everest schon immer weitaus weniger eine Attraktion als solche gewesen ist – weil er so gewaltig erschienen, so spektakulär anzusehen, so schwierig zu erklettern gewesen wäre. Sondern viel mehr, weil er der höchste ist. Auf eine gewisse Weise haben sie ihn alle nur abgehakt, vom »Entdecker« des dritten Pols, Andrew Scott Waugh, über die Erstbesteiger Hillary und Norgay, den maskenlosen, vom Idealismus der Siebziger geprägten Reinhold Messner, die Bergverrückten, die der Älteste am Berg sein wollten oder der Erste mit einer ganz bestimmten Einschränkung, bis hin zu den Sherpas, die schließlich nur noch die Anzahl ihrer Anstiege zählten. Man kann es deshalb als eine Faszination für sich verstehen, dass der Everest im Wesentlichen eine Art Trophäe ist. Nicht mehr und nicht weniger.

Für die Zukunft verheißt das nichts Gutes. Zwar mag es der chinesischen Regierung gelingen, die Lage auf der ohnehin zuletzt oft gesperrten Nordseite des Berges in ruhigere Bahnen zu lenken. Auch mögen auf der Südseite verantwortungsbewusste Expeditionsanbieter freiwillig strengere Bedingungen für die Teilnehmer schaffen. Aber es wird weiter Menschen geben, die sehr viel Geld haben und ihr Leben für den Berg aufs Spiel setzen. Und die Nepali werden weiter auf einen funktionierenden Alpinismus angewiesen sein. Die Chancen, dass Massentourismus und Sterben am Berg weitergehen, sind deshalb groß.

22 Interview

Mingma Sherpa ist Geschäftsführer des nepalesischen Expeditionsanbieters Seven Summits Treks. Geboren am 16. Juni 1978 in Makalu im nepalesischen Bezirk Sankhuwasabha, war er der erste Sherpa, der erste Nepalese und der 24. Bergsteiger überhaupt, dem die Besteigung aller 14 Achttausender weltweit gelang.

Lukas Furtenbach, geboren am 5. September 1977 in Innsbruck, ist Gründer des österreichischen Expeditionsanbieters Furtenbach Adventures. Furtenbach ist mit besonders exquisiten Angeboten am Everest bekannt geworden – vor allem aber mit Offerten für sehr schnelle Aufstiege.

Wie oft waren Sie schon auf dem Everest, wie oft haben Sie Menschen dort hochgeführt?
Mingma Sherpa: Ich habe den Berg einmal 2004 bestiegen. Ich war nur dieses eine Mal oben, aber ich bin oft am Everest, um meine Kunden zu motivieren und zu stärken.
Lukas Furtenbach: Ich habe vier unserer geführten Everest Expeditionen mit Gästen geleitet und stand selbst zweimal am Gipfel, einmal von Norden, einmal von Süden.

Was bedeutet der Everest für Sie persönlich?
Mingma Sherpa: Der Everest war immer ein besonderer Traum für mich. Nachdem ich den Gipfel erreicht hatte, fühlte ich mich gesegnet und von der Liebe der ganzen Welt geradezu überwältigt. Der Everest ist ein spezieller Berg, nicht nur für mich, sondern für viele.
Lukas Furtenbach: Lange hat er mich nicht angezogen, weil ich lieber auf einsamen, unbekannten Bergen unterwegs sein wollte.

Aber als ich das erste Mal 2016 auf am Gipfel stand, hat sich alles geändert. Ich verstand, warum dieser Berg so vielen Menschen – mitunter als Trophäe – so wichtig ist und warum er einen solchen Nimbus innehat. Mittlerweile bedeutet mir der Everest sehr viel und es zieht mich jedes Jahr dorthin. Der Everest wurde abgesehen von meiner Frau und meinen Kindern zu meinem Lebensmittelpunkt.

Was kosten Ihre Touren derzeit, wie viele Kunden gehen mit?
Mingma Sherpa: Normalerweise kostet es 40 000 bis 70 000 Dollar, den Berg zu besteigen. Ich berechne jedoch nur 32 000 Dollar, aber der Preis variiert gemäß dem Standard des gebuchten Services. Ungefähr 60 bis 70 Kletterer steigen pro Saison mit Seven Summit Treks zum Everest und auf andere Gipfel.
Lukas Furtenbach: Die verschiedenen Pakete, die wir anbieten, liegen zwischen 60 900 und 200 000 Euro pro Person, wobei sich die Preisdifferenzen hauptsächlich aus dem Level an Support und der Betreuung ergeben. Nach oben sind keine Grenzen gesetzt. Wir haben insgesamt etwa 20 Everest-Kunden jedes Jahr.

Wer sind diese Kunden? Wie setzen sich Ihre Teams zusammen?
Mingma Sherpa: Meine Kunden kommen aus aller Welt. Wir stellen das Team nach den unterschiedlichen Fähigkeiten, Erfahrungen und der Bereitschaft zum Klettern der einzelnen Teilnehmer zusammen. Unser Expeditionsprogramm richtet sich aber auch besonders nach den Vorstellungen der Kunden.
Lukas Furtenbach: Unsere Kunden kommen aus der ganzen Welt, etwa 30 Prozent sind weiblich. Die Teilnehmer sind zwischen 20 und 70 Jahren alt, meistens Unternehmer, Banker, C-Suite, Ärzte, aber auch Filmstars und Geheimagenten. Und natürlich auch ganz normale Leute wie Sie und ich.

Welche Voraussetzungen müssen Ihre Teilnehmer erfüllen? Was tun Sie, um Sicherheit am Berg zu gewährleisten? Welche Voraussetzungen sollten Menschen generell Ihrer Meinung nach mitbringen, die den Everest besteigen?

Mingma Sherpa: Wenn jemand mit uns Berge besteigen möchte, sollte er zunächst über Mindestkenntnisse in Trekking und Expedition verfügen. Vor dem Everest-Versuch sollte er wenigstens einen Sechstausender bestiegen haben. Sicherheit hat für uns oberste Priorität. Im Notfall verwenden wir Lawinenverschütteten-Suchgeräte. Wir empfehlen, eine vollumfängliche Versicherung abzuschließen. Aus Sicherheitsgründen trainieren wir unsere Teilnehmer im Basislager, oberhalb des Basislagers steht ein höhentauglicher Hubschrauber für Notfallrettungen bereit. Um die Sicherheit zu gewährleisten, werden bei einer Everest-Expedition zudem zehn Sherpa-Kletterführer zu Rettungszwecken eingesetzt.
Lukas Furtenbach: Wir verlangen sehr hohe Voraussetzungen bei bergsteigerischer Technik, Gesundheit, Leistungszustand und Höhenerfahrung. Alles wird im Vorfeld streng geprüft und gegebenenfalls nachgeschärft. Wir machen das im eigenen Interesse, weil wir von unserer hundertprozentigen Erfolgsquote am Everest leben. Wenn ich Zweifel bei einem Teilnehmer habe, ob er es schaffen kann oder sein Gesundheitszustand eine Gefahr für die eigene Person oder das Team darstellt, lehne ich diesen Teilnehmer ab. Unsere Kunden erfüllen übrigens auch das Klischee des körperlich überforderten und unerfahrenen Bergsteigers am Everest nicht. Generell sollte man die Grundtechniken gut beherrschen, schon einige Expeditionen in größere Höhen gemacht haben und in einem sehr guten physischen und emotionalen Zustand sein.

Wie denken Sie als Bergführer über Menschen mit wenig Erfahrung am Berg, die da rauf wollen?
Mingma Sherpa: Leuten, die wenig Erfahrung haben, möchte ich sagen: Jeder kann klettern und in die Berge gehen, aber was nötig ist, ist ein starker Wille. Und ebenso: Sicherheitsvorkehrungen. Wir können Kunden mit wenig Erfahrung zu Kunden mit viel Erfahrung machen – und der Welt eine Geschichte zum Zuhören liefern.
Lukas Furtenbach: Wir machen diesen Leuten ein Ausbildungsangebot zur Vorbereitung auf ihren Traum Everest. Ich denke, jeder hat das Recht, sich diesen Traum zu erfüllen. Aber jeder sollte auch entsprechend vorbereitet sein, um nicht sich selbst oder andere zu gefährden.

Jeder muss einmal ohne Erfahrung anfangen. Der Everest ist natürlich nicht der richtige Berg zum Einsteigen in den Bereich.

Ist Sicherheit am Berg eine Geldfrage? Ist Erfolg eine Geldfrage?
Mingma Sherpa: Nein, Sicherheit und Erfolg sind keine Fragen des Geldes. Der Erfolg hängt davon ab, welche Leistung Teilnehmer am Berg zeigen und wie stark ihr Erfolgswille ist. Ich will nicht behaupten, es sei nicht gefährlich, den höchsten Berg der Welt zu besteigen. Nur: Wenn du klettern kannst, geistig und körperlich fit bist, besteht überhaupt keine Gefahr. Es gibt die Fixseile im Khumbu-Eisbruch, feste Leitern über Gletscherspalten und das Team wird dir viel Sicherheit geben und die Gefahr reduzieren.
Lukas Furtenbach: Beides eindeutig ja. Und das zeigt auch die Statistik ganz eindeutig. Der Gipfel des Mount Everest ist ja nicht nur der höchste Punkt, sondern auch einer der gefährlichsten Orte dieses Planeten. Es kostet Geld, diesen Ort nach internationalen Standards sicher und zugänglich zu machen.

Ist Sicherheit eine Frage der Logistik? Der Ausstattung?
Mingma Sherpa: Logistik trägt gewiss auch einen Teil zur Sicherheit bei, aber es kommen sehr viele Dinge zusammen wie Teamwork, gute Ausrüstung, körperliche und geistige Vorbereitung auf das Klettern und eben eine positive Einstellung.
Lukas Furtenbach: Ja, wie zum Beispiel in der Medizin oder der Luftfahrt auch. Diese Frage wird von der Statistik untermauert. Wichtigste Komponente ist dabei der Sauerstoff. Eine Everest-Besteigung findet in einer für den menschlichen Organismus ähnlich limitierenden Höhenlage wie die kommerzielle Luftfahrt statt. Dass Sauerstoffmangel das Gehirn schädigt bis hin zum Tod, ist schon lange kein Geheimnis mehr. Auch, dass ein Mensch ohne technische Hilfsmittel in einer Höhe von 8849 Metern nur eine endliche Zeit, im Ausmaß von Stunden bis Tagen, überleben kann. Dennoch gibt es erheblichen Widerstand – zum Glück nur innerhalb der Community –, zusätzlichen Sauerstoff beim Höhenbergsteigen als Standard zu etablieren oder die Vitaldaten zur Prävention höhenmedizinischer Probleme zu überwachen. Von außen betrachtet mutet das mehr als nur anachro-

nistisch an. Es scheint tatsächlich keine andere Sportart zu geben, in der man sich derart vehement gegen Wissenschaft und technische Innovation verwehrt und sogar so weit geht, diese als ablehnenswert zu diskreditieren.

Wie sehen Sie die Müll-Situation am Everest? Hat sie sich zuletzt verbessert? Was tun Sie mit Ihrem Müll?

Mingma Sherpa: Der Müll ist eine gewaltige Herausforderung auf dem Berg. Wir nehmen das Thema sehr ernst. Wir müssen uns mehr darauf konzentrieren, sonst wird der Everest in einigen Jahren komplett verdreckt sein. 2020 haben wir oberhalb von 6 000 Metern Müll gesammelt. Eine schwierige Aufgabe, weil viele Anbieter das, was sie oberhalb des Basislagers produzieren, nicht wieder hinunterbringen. Wir starten jedes Jahr ähnliche Kampagnen.

Lukas Furtenbach: Wir transportieren sämtlichen Müll jedes Jahr vom Berg ab, zudem auch noch Altmüll vergangener Jahrzehnte und deren prominenter Expeditionen. Der Everest ist auf der Nordseite heute so sauber wie schon lange nicht mehr. Und auch auf der Südseite gibt es immer mehr Initiativen und Bereitschaft, den Berg von Altlasten zu säubern. Mittlerweile wird streng kontrolliert, dass jeder seinen Abfall hinunterbringt. Und auch die Sauerstoffsysteme sind keine Einwegflaschen mehr wie früher, sondern werden wieder befüllt. Sie wären aber auch viel zu teuer, um sie einfach liegen zu lassen.

Wie empfinden Sie es persönlich, durch die sogenannte Leichengasse zu laufen? Ist das für Sie eine mentale Belastung?

Mingma Sherpa: Zum Glück gibt es heute am Everest sehr viel weniger Leichen als vor einigen Jahren. Aber manchmal, wenn wir im Rahmen unserer Arbeit hinaufklettern, sehen wir sie. Es belastet mich mental nicht nachhaltig, es macht mich aber traurig und unglücklich. Und ich drücke den Verstorbenen mein tiefes Beileid aus.

Lukas Furtenbach: Nein, genauso wenig wie auf einem heimischen Friedhof. Man sollte den Toten am Berg mit Respekt begegnen, auch im Sinne der Angehörigen. Also etwa keine Toten filmen und fotografieren für die eigene Instagram-Story. Leider wird das jedes Jahr von vielen Leuten gemacht.

Lässt sich vermeiden, dass Menschen den Gipfelerfolg vortäuschen wie Narender Singh Yadav und Seema Rani Goswami offenbar 2016?
Mingma Sherpa: Das Hauptproblem ist ja ein moralisches. Es hängt von der Haltung des Bergsteigers ab. Narender Singh Yadav und Seema Rani Goswami beanspruchten auch nach dem Richterspruch noch, den Gipfel erreicht zu haben. Man kann solche Täuschungsversuche durch Vorgaben wie obligatorische GPS-Track-Aufzeichnung für alle Teilnehmer reduzieren, man könnte auch hochaufgelöste Bilder vom Gipfel einfordern. Auch könnten die Verbindungsbeamten von Anfang bis Ende der Expedition mit Walkie-Talkie und GPS-Tracker ausgestattet werden. Aber am Ende ist es ganz wesentlich auch eine Frage der Haltung der einzelnen Bergsteiger.
Lukas Furtenbach: Wohl nie zu 100 Prozent. Selbst elektronische Systeme hätten Potenzial zur Manipulation. Ich denke, es ist wichtig und richtig, solche Fälle publik zu machen, die involvierten Personen rechtlich zu belangen und dann auf die Präventivwirkung zu setzen. An den Pranger, wie im Mittelalter. Dabei ist das kein Problem alleine von Kunden kommerzieller Expeditionen. Die sind da eher die Ausnahme.

Der Everest ist für die Sherpas ein heiliger Berg. Ist es deshalb problematisch, ihn zu besteigen?
Mingma Sherpa: Nicht nur der Everest, alle Berge sind für die Sherpas heilig. Auch für mich. Wir machen eine Zeremonie, bevor wir hochsteigen, eine Puja. Ich glaube aber nicht, dass die Götter wütend werden, wenn wir auf den Berg klettern, denn wir überleben ja. Viele Sherpa-Familien sind glücklich, viele Menschen, die im Alpinismus und Tourismus tätig sind, sind zufrieden, denn sie verdienen damit ihr Geld. Was ich glaube, ist, dass es gut ist, Menschen zu ernähren und ihnen Arbeit zu geben. Am Ende macht es sie also froh, die Berge hinaufzuklettern.
Lukas Furtenbach: Weil der Everest für die Sherpas nicht nur ein heiliger Berg, sondern eben für viele auch Lebensgrundlage ist, machen wir, was wir am Everest machen, mit Respekt und im Einklang mit den Wünschen der Sherpas. Wir sind zu Gast in diesem Land und respektieren die Regeln und Gepflogenheiten der lokalen Bevölkerung.

Wenn es problematisch wäre, den Everest zu besteigen, würden wir es nicht tun.

Welche Bedeutung haben Sherpas in der Expeditionswirtschaft heute? Warum ist der Anteil nepalesischer Unternehmen gewachsen? Was unterscheidet diese Anbieter von anderen?
Mingma Sherpa: Wirtschaftlich geht es den Sherpas im Allgemeinen heute natürlich deutlich besser als noch vor ein paar Jahrzehnten. Und ich denke, das verdienen wir auch, aufgrund unserer harten Arbeit in den Bergen. Der Anteil nepalesischer Expeditions-Unternehmen hat wegen der gestiegenen globalen Nachfrage zugenommen. Die Unterschiede zwischen nepalesischen Anbietern und Sherpa-Anbietern einerseits und westlichen Unternehmen andererseits sind eher gering, aber meiner Meinung nach sind nepalesische Betreiber besonders fleißig. Sie sprechen weniger, arbeiten aber hart und kümmern sich am Berg um den Teilnehmer wie um ihr eigenes Familienmitglied. Und preislich sind sie eben günstiger als westliche Betreiber.
Lukas Furtenbach: Die Sherpas sind ein wichtiger Bestandteil der Expeditionswirtschaft. Sie arbeiten als Hochträger, Climbing-Sherpa oder als Bergführer für Expeditionsveranstalter oder sind mittlerweile selbst Expeditionsveranstalter geworden. Wir sind bemüht, für uns arbeitende Sherpas nicht nur bestens auszurüsten und auszubilden, sondern auch entsprechend zu versichern und fair zu entlohnen. Nepalesische Expeditionsveranstalter bieten Expeditionen oft günstiger an als westliche Veranstalter. Die Gründe dafür sind vielfältig. Sicherlich spielen Haftungsgrundlagen – zum Beispiel EU-Pauschalreiserichtlinie mit Insolvenzabsicherung –, aber auch unterschiedliche Steuerregime und unterschiedliche Qualitätsstandards eine Rolle. Wobei es auch unter den westlichen Veranstaltern Billiganbieter mit niedrigen Qualitäts- und Sicherheitsstandards gibt und umgekehrt auch sehr professionell arbeitende nepalesische Veranstalter.

Hat sich die Situation der Sherpas als Mitarbeiter am Berg seit dem Unglück im April 2014 geändert?
Mingma Sherpa: Nach dem Unglück 2014 hat sich nicht allzu viel verändert, weil die Menschen aus der Sherpa-Gemeinschaft, die die Arbeit

am Berg überlebt haben, keine anderen Jobs bekamen. Sie kehrten wieder an den Berg zurück, um ihr Leben erneut in Gefahr zu bringen. Und für eine bessere Zukunft für ihre Familienmitglieder zu arbeiten.
Lukas Furtenbach: Ja, nicht nur die Versicherungssumme wurde erhöht, bei einigen Veranstaltern wurden wohl auch die Löhne angehoben. Der Job bleibt aber gefährlich und extrem anspruchsvoll. Für den Sherpa genauso wie für den Bergführer aus Österreich.

Gibt es heute noch Spannungen zwischen Sherpas und westlichen Bergsteigern, wie sie aus der Saison 2013 dokumentiert sind?
Mingma Sherpa: Nein, ich glaube nicht, dass es Probleme oder Spannungen zwischen Sherpas und westlichen Bergsteigern gibt. Wir sind Freunde für immer. Wir arbeiten immer gern zusammen.
Lukas Furtenbach: Medien versuchen immer wieder diese Spannungen zu beschreiben oder zu thematisieren. Ja, es gibt Spannungen zwischen Sherpas und westlichen Bergsteigern, es gibt aber genauso Spannungen unter westlichen Bergsteigern und es gibt Spannungen unter Sherpas oder zwischen westlichen und asiatischen Bergsteigern. Spannungen gehören dazu, wenn Menschen auf engem Raum in Extremsituationen miteinander umgehen müssen. Ich sehe da kein ethnisches Problem. Gerade die Pandemie, in der wir alle im selben Boot sitzen, hat einen extremen Zusammenhalt und Solidarität und eine extrem positive Stimmung unter den Expeditionsveranstaltern spüren lassen, unter den westlichen wie den nepalesischen.

Es gibt auch keine besondere Konkurrenz zwischen westlichen und nepalesischen Expeditionsunternehmen?
Mingma Sherpa: Nein, weder gab noch gibt es einen besonderen Wettbewerb zwischen uns. Am Everest ist es ja nicht wie bei anderen Abenteuern, denn es ist einfach viel zu riskant. Es ist ja Wettbewerb genug, in der Todeszone am Leben zu bleiben.
Lukas Furtenbach: Der Markt ist extrem kompetitiv. Aber auch hier sehe ich die Konkurrenzsituation nicht auf westlich gegen nepalesisch beschränkt. Der Kuchen ist nicht allzu groß und jeder will ein Stück davon, westliche wie nepalesische Veranstalter. Es ist ein freier Markt. Und wie in jedem Markt gibt es faire und weniger faire Player.

Ich habe die schlechtesten Erfahrungen in dieser Hinsicht nicht mit einem nepalesischen Unternehmen gemacht.

Welchen Effekt hatte die Pandemie auf die Expeditionswirtschaft und auf den Andrang am Berg? Was sind langfristig die Folgen?
Mingma Sherpa: Die Pandemie hat die gesamte Expeditionswirtschaft ruiniert. Und den gesamten Tourismus in Nepal. Es gab keine touristischen Aktivitäten in Kathmandu oder in den Bergen. Viele nepalesische Bergsteiger hatten Probleme, Geld zu verdienen, um zu überleben. Wir haben in dieser schweren Zeit Reis, Linsen, Öl und etwas Geld an die für uns arbeitenden Bergsteiger und anderen Mitarbeiter verteilt.
Lukas Furtenbach: Langfristig sehe ich ein weiteres Wachstum am Berg, die Menschen wollen auf den Everest. Nach der Pandemie mit Lockdowns und verordneter Solidarität ist der Wunsch nach persönlichem Erleben und Verwirklichen vermutlich größer als je zuvor. Ich erwarte also mehr Andrang für die folgenden Jahre.

Sind ihre Expeditionen für Sie selbst eigentlich rein kommerzielle Angelegenheiten – tun Sie es nur, weil es Geld bringt, oder haben Sie Spaß daran? Sie könnten doch mit erfahrenen Gleichgesinnten vermutlich ganz andere Abenteuer erleben?
Mingma Sherpa: Wir führen kommerzielle Expeditionen durch. Seven Summit Treks organisiert Expeditionen nach Bedarf seiner Kunden, ja, aber nicht nur. Manchmal machen auch wir eine Expedition, allein um Freunden zu helfen, Rekorde aufzustellen, um einen Namen zu etablieren, um Ruhm zu sammeln.
Lukas Furtenbach: Für mich ist der Everest zur Leidenschaft geworden. In jeder Facette dieses Wortes. Es gibt definitiv einfachere und risikolosere Wege, Geld zu verdienen. Das ist es also nicht. In meinem Beruf erlebe ich mit Gleichgesinnten Abenteuer. Ich mag mehr Erfahrung am Berg haben, aber mein Kunde hat vielleicht in anderen Lebensbereichen ungleich mehr Expertise. Das macht es interessant, abwechslungsreich und spannend.

Beiden Interviewpartnern wurden dieselben Fragen gestellt, sie wurden aber separat interviewt.